Königsklasse Kommunikation

Mein aufrichtiger Dank gilt

Katrin Lauber

Ohne ihre Beteiligung und Motivation,
wäre dieses Buch nicht entstanden

Ernst Crameri

Für den entscheidenden Impuls, mich ans Buch schreiben
und auch an das Thema **„Kommunikation"** zu wagen.

Ralf Lauber

Königsklasse Kommunikation

Faszinieren – Manipulieren - Kreieren

Wertvolle Tipps aus dem Leben
zur sofortigen Umsetzung

Bibliografische Information der Deutschen Nationalbibliothek
Die Deutsche Nationalbibliothek verzeichnet diese Publikation
in der Deutschen Nationalbibliografie; detaillierte bibliografische Daten sind im
Internet über http://dnb.d-nb.de abrufbar.

© 2020 Ralf Lauber
Herstellung und Verlag: Ralf Lauber

ISBN: 978-3-96936-000-2

Inhaltsverzeichnis

Vorwort Ernst Crameri 8
Vorwort 13
Mitmachbuch 14
Erfolgskommunikation 16
Gehirn 26
Interpretation 36
Kommunikation mit wem 46
Schuld 54
Lügen 58
Sprache 64
Kreation 72
Entscheidung versus Wahl 82
Energie und Sprache 88
Kommunikationsfallen 94
Erfolg kommunizieren 110
Anerkennung 122
Dienstleistungen Ralf Lauber 126
Vita von Ralf Lauber 128

Vorwort Ernst Crameri

Lieber Ralf,

liebe Leser,

was für ein Buch, Königsklasse Kommunikation und an dieser Stelle herzlichen Glückwunsch dir lieber Ralf, für das Meisterwerk und dir lieber Leser, dass du das Buch gekauft hast.

Kommunikation ist in der Tat das A und O unseres menschlichen Zusammenlebens. Nur wenn diese auch funktioniert, haben alle Spaß und viel Lebensfreude.

Von außen als Erfolgsmacher betrachtet, ist es oft sehr erschreckend, wie rudimentär die Kommunikation teilweise noch heute stattfindet. Das muss nicht sein, das Buch dient und hilft, ein wesentlich größeres Verständnis an den Tag zu legen. Die eigene Kommunikation entsprechend zu verfeinern, nach innen und auch nach außen.

Denn wir können ganz einfach nicht, nicht kommunizieren und wir kommunizieren mit uns selbst den ganzen Tag. Leider in der Regel in einem negativen Kontext, der alles andere als gut und förderlich für das eigene Wohlbefinden ist.

Die berühmte Selbstkommunikation bestimmt die Art, wie wir uns fühlen und damit auch unsere Außenwirkung. Daher sollte die Eigenkommunikation auf einem sehr hohen Level stehen und den eigenen Werten entsprechen.

Die Kommunikation darf einfach sein, klar, konkret, messbar und zugleich unmissverständlich. Wir dürfen uns auch der Wirkung stets bewusst sein und klar die Authentizität beachten, denn es gibt zwei Arten der Kommunikation. Die Verbale und die Nonverbale und diese beiden sollten natürlich authentisch sein.

Die vier Ohren der Kommunikation und hier ganz klar der Frage nachgehend, wer hat wem was gesagt? Die Fragen bestimmen stets die Qualität deines Lebens, daher gilt es genau darauf zu achten, wie wir uns durch die Welt bewegen.

Ralf macht einen Ausflug in die Welt des Gehirns und bringt spannende Aspekte, die zum Nachdenken anregen. Unser Gehirn was für ein unglaublicher Computer, was da alles in Millisekunden abgeht, ist faszinierend. Je mehr wir es verstehen, desto mehr können wir darauf eingehen und es entsprechend steuern.

Wie interpretiere ich andere Menschen und letztlich wie interpretiere ich mich selbst? Was geht da in mir vor und wie kann ich es steuern. Kommunikation sollte stets zum Wohle aller stattfinden, in völliger Wertschätzung.

Ich bin von Ralf Lauber sehr begeistert, gehört er zu den Menschen, die sich permanent fort- und weiterbilden. Er bleibt niemals stehen und dir lieber Ralf herzlichen Dank für dein großes Vertrauen, dass du immer wieder bei mir auf den Seminaren bist. Einfach klasse, dass du das Buchseminar besuchst hast „Wie schreibe ich mit Erfolg in 7 Tagen Bücher!"

Danke dir auch, dass ich dich ein ganzes Jahr als Erfolgscoach jeden Monat beim VIP Tages-Durchbruchs-Coaching begleiten darf. Denn über eines dürfen wir uns alle im Klaren sein

„Stillstand bedeutet stets Rückschritt"

Genau dem sollten wir uns niemals aussetzen, Fort- und Weiterbildung ist nun mal das A und O auf unserer Reise durch unser Leben. Dir lieber Leser ein ganz großes Kompliment, dass du das Buch durchliest, lasse dir damit viel Zeit. Lese Seite für Seite, halte inne und schreibe dir die für dich wichtigsten Merksätze jeweils ins obere und untere weiße Feld.

Es liegt mir immer frei, Gesagtes entsprechend positiv oder auch negativ zu interpretieren. Die Frage, was wurde wie gesagt und was löst es bei mir für Emotionen aus? Wie gehe ich damit um, was ist letztlich die genaue Botschaft, die mir mein Gegenüber mit auf den Weg gibt? Dann hängt es davon ab, was ich daraus mache? Die Spielbandbreite ist sehr groß und lässt viel zu.

Wie verhinderst du, in Geschichten von anderen Menschen hineingezogen zu werden? Ralf stellt auch die berühmten drei Filter vor, die mir im Alltag sehr helfen, Klarheit für mich und mein Leben zu schaffen.

Die Vielfalt der verschiedenen Kommunikationsformen und deren Auswirkung auf mich selbst und mein Umfeld. Die verschiedenen Ebenen der Beziehung, um hier einige aufzuführen. Eltern-Kind, Kind-Eltern, Chef-Mitarbeiter, Mitarbeiter-Chef, Mann-Frau, Frau-Mann, usw.

Was darf ich sagen, was soll ich sagen und wo ist es letztlich besser zu schweigen? Ein guter Verkäufer weiß, was er sagt, ein schlechter Verkäufer sagt, was er weiß.

Die Form immer einen Schuldigen zu suchen, ist übel und da gilt es klar in die Eigenverantwortung zu gehen. Denn wer anderen die Schuld gibt, gibt ihnen zugleich die Macht über sein Leben. Ist es das, was wir wirklich in unserem Leben wollen? Ganz bestimmt nicht, selbstbestimmt zu leben ist das höchste Gut und wird letztlich doch von nur wenigen Menschen praktiziert.

Wie gehe ich mit Lügen um, was machen diese mit mir und auch mit den Mitmenschen? Hier geht Ralf auf die verschiedensten Aspekte der Lüge ein und durchleuchtet unter anderem einer der schlimmsten Lügen, das ist die eigene Lebenslüge. Sich selbst zu belügen ist fatal und entwickelt eine Eigendynamik nach innen und außen, die wir wahrlich nicht so möchten.

Die bildhafte Kommunikation ist die höchste Kunst der Kommunikation in uns selbst, und in den Mitmenschen im Gehirn, entsprechende Bilder auszulösen, die dann die dazu passenden Emotionen schaffen.

Aussagen, wie ich kann, oder ich kann es nicht haben, erzeugen sofort ihre Resultate und wirken ob wir das wahrhaben wollen oder nicht. Wir meinen, denken und fühlen etwas und sind nur oft nicht imstande, das nach Außen zu kommunizieren. Hier gilt es stets sich für absolute Klarheit einzusetzen.

Die Aussage ich kann es nicht, führt dann tatsächlich zum gewünschten Resultat, auch wenn sehr oft im tiefsten Herzen etwas anderes gewünscht wird. Letztlich sind solche Aussagen eine reine Bankrotterklärung.

Über eines dürfen wir uns im Klaren sein, wir haben stets die Wahl und das sollten wir auch für uns nutzen. Weg von den Aussagen wie „Ich würde ja schon gerne, es wäre schon schön" hin zu „Ich tue das und das bis dann und dann!"

Das ist eine sehr klare Ansage für jede einzelne Zelle, auch in der Außenwirkung und die Resultate lassen nicht lange auf sich warten.

Sich selbst erfüllende Prophezeiungen und über deren Ausmaß sind wir uns zu oft nicht im Klaren. Wir sind übervoll mit Glaubenssätzen, die uns unsere Eltern, die Schule, Freunde, die Kirche, der Staat, ja letztlich das gesamte Umfeld eingepflanzt haben. Durch die permanente Wiederholung wird es über kurz oder lang zur eigenen Wirklichkeit und wir leben und erleben genau das.

Hier gilt es hinzuschauen und das macht Ralf wundervoll mit seinem Buch. Du hast die große Chance, jetzt genau deinem Leben auf den Kern zu gehen, genau hinzusehen und dann entsprechend zu handeln.

Das Leben ist immer wahre und reine Freude, voller positiver Momente, wenn wir sie erkennen und auch leben. Verschiebe nie mehr dein Leben auf irgendwann, denn du bist bereits mitten drin. Denke bitte auch stets daran

„Es gibt ein Leben vor dem Tod!"

In diesem Sinne wünsche ich dir lieber Leser, ganz ganz viele wundervolle Erkenntnisse mit dem Buch. Nutze die Chance, der von Ralf angebotenen Seminare und Coachings. Ich schätze ihn sehr, mit seinem scharfsinnigen und fundierten Wissen.

Dir lieber Ralf, dass dein Buch die ganze Welt erobert und die Menschen inspiriert, endlich die wahre und reine Kommunikation zu wählen und dann auch zu feiern. Denn wenn wir alle Eingeweihte der reinen wahren Kommunikationsform sind, dann gibt es auch kein Streit, keine Kriege mehr. Dann schaffen wir es endlich in Ruhe und Frieden miteinander zu leben, und das Leben zu feiern.

Herzlichst

Dein/Euer Ernst Crameri

https://crameri.de/

https://cramerishop.com/

https://www.facebook.com/ErnstCrameri

https://ergebnisorientiert.com/

https://www.crameri-akademie.de/

Vorwort

Lieber Leser,

das Buch ist für Dich, wenn Du im Leben neue Ziel erreichen willst und bereit bist, Deine Kommunikation mit Dir selbst als auch mit anderen ganz genau anzuschauen. Entscheide anschließend, ob Deine Kommunikation zu den Ergebnissen führt, die Du Dir wünschst. Ist das nicht der Fall, so änderst Du Deine Kommunikation. Und wenn Dir dabei die Gedanken und Ideen dieses Buches helfen, hat das Buch seinen Zweck erfüllt.

Wenn Du Dich selbst im inneren Dialog ständig beschimpfst, kann es sein, dass Dir anschließend die Energie fehlt, um Deine großen Ziele zu erreichen. Und das wäre doch so schade. Auch wenn Du bei der Kommunikation mit anderen Fehler machst, ist es sehr, sehr unwahrscheinlich, dass sie Dich unterstützen.

Bitte nutze dieses Buch als Ideengeber. Ich habe Kommunikation nicht erfunden und habe auch keine Professur. Diese Ideen kommen aus dem täglichen Leben. Prüfe jede einzelne, ob sie für Dich funktioniert. Wenn ja - super! - wende sie an, verfeinere sie weiter und teste sie. Was im Augenblick nicht passt, lege beiseite und prüfe es später noch einmal. Und wenn es absolut nicht Dein Ding ist, nimm die nächste.

Und nun viel Spaß beim Lesen!
Alles Liebe und Gute

Dein Ralf Lauber

Mitmachbuch

Du hältst ein Mitmachbuch in der Hand. Dieses Buch soll Dich anregen, über das Gelesene nachzudenken, Dich mit dem Stoff auseinanderzusetzten. Dafür sind in diesem Buch immer wieder Aufforderungen enthalten, Deine Gedanken, Deine Erkenntnisse oder auch Deine Ideen aufzuschreiben.

Schreibe einfach gleich in diese Zeilen in das Buch hinein. So hältst Du Deine Erkenntnisse fest. Sollten die Zeilen nicht reichen, nimm einfach ein Blatt Papier dazu. Bitte verschiebe die Antworten nicht auf das Ende des Kapitels. Die Erfahrung zeigt, dass es dann nicht mehr getan wird – und damit bringst Du Dich um den Mehrwert, den dieses Buch Dir liefern kann.

Betrachte das Buch als Dein Buch, arbeite mit ihm, mach es zu Deinem Buch in dem Du Deine Kommentare im Buch festhältst. Wenn Du das Buch ein weiteres Mal liest, schreibe die Antworten auf ein extra Blatt. An den Antworten kannst Du erkennen, wie Du Dich weiter entwickelt hast. Es ist so spannend zu sehen, wie Du vor einem oder gar fünf Jahren über dieses Thema gedacht hast.

Den größten Nutzen wirst Du aus dem Buch ziehen, wenn Du nicht nur Deine Erkenntnisse notierst, sondern diese auch anwendest um Deine Kommunikation auf den nächsten und nächsten und nächsten Level zu bringen. Geh dabei bitte schrittweise vor. Versuche nicht, alles auf einmal zu ändern. Mich würde es überfordern auf alles zu achten, jedes Wort auf die Goldwaage zu legen.

Lies das Buch, schreibe Deine Erkenntnisse auf und such Dir drei bis fünf Punkte heraus, auf die Du in Zukunft achten wirst. Wenn Du diese Punkte zu Deiner Zufriedenheit trainiert hast, nimm die nächsten drei bis fünf Punkte und trainiere sie. Habe dabei immer im Blick, dass Kommunikation ein kontinuierlicher Prozess ist. Es ist kein Sprint und auch kein Marathon. Also sei rücksichtsvoll mit Dir selbst. Auch und besonders in der Kommunikation gilt:

„Perfektion schürt Aggression!"

Nachdem Du nun weißt, wie Du das Buch am besten nutzt, gilt es zu starten. Geh in Kommunikation. Verbessere Deine Kommunikation täglich um ein Prozent und Du wirst nach einem Jahr erstaunt sein, wer Du geworden bist. Dies wird dann genannt KVP oder kontinuierlicher Verbesserungsprozess. Ich wünsche Dir viel Freude beim Lesen und Anwenden!

Erfolgskommunikation

Hast Du Dir jemals Gedanken darüber gemacht, wie Kommunikation wirklich funktioniert? Hast Du Dich vielleicht auch schon mal gefragt, wie Kommunikation zur treibenden Kraft in Deinem Leben wird? Sicher gibt es in Deinem Umfeld einige Personen, die hervorragend kommunizieren. Denen andere an den Lippen hängen, wenn Sie sprechen und von denen alle vor Begeisterung schwärmen. Diese Person ist der „Chef im Ring".

Kommunikation muss einfach einfach sein!

Es sind simple Regeln, die Du befolgst, um genau diese Ausstrahlung auf Deine Gesprächspartner zu erzielen. Noch einmal: Kommunikation muss einfach einfach sein! Der simple Grund: Wenn Du das ganze Gespräch lang überlegst, wie Du Deinen nächsten Satz formulierst, kannst Du Deinem Gegenüber nicht aufmerksam zuhören.

Das ist meistens auch der Grund, warum Du die Ideen des anderen nicht aufnimmst, nachfragst oder über sie hinweg gehst. Und das nimmt Dir der andere irgendwann übel. Plötzlich wunderst Du Dich, warum der andere sich mitten im Gespräch für andere Sachen, wie z.B. die neueste SMS auf seinem Handy interessiert. Wenn Du ehrlich bist, hast Du damit angefangen.

Klar

Kommunikation darf klar sein. Du hast Energie in Deine Ideen, Nachrichten, Meinungen investiert. Also sind sie es auch wert, dass Du sie klar kommunizierst. Nur so kannst Du sicherstellen, dass Dein Gegenüber, egal ob eine einzelne Person oder eine Gruppe, sie auch verstehen. Nichts ist doch schlimmer, als wenn Dir keiner zuhört, weil Du Dich nicht klar ausdrückst. Damit das jedoch möglich ist, sollte Dir auch klar sein, worüber Du redest.

Konkret

Sei konkret in Deinen Aussagen. Du wirst es nicht lieben, wenn mit Deinen Worten „Bullshit-Bingo" gespielt wird. Dies gelingt Dir jedoch nur, wenn Du Dich nicht in Phrasen ergehst, Aussagen von Politikern übernimmst, diplomatisch sein willst oder gar Stammtischparolen nachplapperst.

Sei Dir sicher. Du hast etwas zu sagen und dann sag es. Alles andere ist Zeitverschwendung. Niemand mag es, wenn Du seine Zeit vergeudest. Du selbst solltest es am wenigsten mögen, da Du in dieser Zeit auch etwas für Dein Wohlergehen tun könntest.

Unmissverständlich

Damit Du verstanden wirst, sei unmißverständlich! Dies gilt sowohl für den Inhalt, als auch für die Sprache. Wenn Du in Berlin im Gespräch bist, verzichte auf schwyzerdütsch. Diese ständige Nachfrage „Icke vasteh Dir nich" geht auf die Nerven und kostet so viel Lebenszeit.

Also pass Dich Deinem Gegenüber an. Er wird es Dir danken. Dies gilt auch für das, was Du sagen, willst. Schau immer, mit wem Du es zu tun hast und pass Dich an. Dies kann natürlich im Berliner Taxi auch schwer werden, wenn der Fahrer Professor für Germanistik ist. In solch einem Fall, versuche es erst gar nicht, intellektueller als der Professor sein zu wollen. Stell Dein Licht nicht unter den Scheffel, sagt der Volksmund – aber er weiß auch: „Hochmut kommt vor dem Fall". Erheb Dich nicht über andere.

Verbal / Nonverbal

Kommunikation ist nur zu 7% „was Du sagst", zu 38% „was Deine Stimme sagt" und zu 55% „was Dein Körper sagt". Menschen bemerken sofort, wenn Du nicht kongruent bist - wenn also Stimme und Körperbewegung nicht zu dem passen, was Du sagst. Sie sind dann sehr vorsichtig und glauben Dir eher nicht. Jetzt kannst Du Dich fragen, warum sie Dir zuhören sollen, wenn sie Dir eh nicht glauben. Ich weiß es nämlich nicht.

Leiterschaft und Führung

Mit guter Kommunikation übernimmst Du Leiterschaft. Du erinnerst Dich noch an den „Chef im Ring" aus dem ersten Abschnitt. Auch wenn der Begriff in Deutschland historisch bedingt negativ vorbelegt ist - Menschen lieben Führer. Im alten Griechenland und auch schon sehr viel früher schufen sie sich Götter. Für ihre Führer waren sie bereit zu sterben. Nochmals: Menschen lieben Führer. Übernimm die Führung und sie werden Dich lieben. Falls Du Dich versteckst – beklage Dich nicht, dass Dich keiner liebt.

Die 4 Ohren der Kommunikation – wer hat wem was gesagt

Kommunikation geht immer vom Sender, über den Übertragungsweg zum Empfänger. Da neben Inhalt immer auch Stimme und Körper am Gespräch mit anderen beteiligt sind (außer eventuell beim Bauchredner), gibt es bei Kommunikation immer auch mehrere Ebenen.

Die Sachebene, die Beziehungsebene, die Selbstoffenbarungsebene und die Appellebene. (nach Schulz von Thun)

- Sachebene: worüber kommuniziert Ihr
- Beziehungsebene: welche Beziehung habt Ihr zueinander
- Selbstoffenbahrungseben: was gibst Du von Dir preis
- Appell: was willst Du von Deinem Gegenüber

Ok, nun wissen wir auch schon mal, warum Kommunikation so eine verzwickte Sache ist. Bedenke dabei immer, dass wir auf diesen vier Ebenen hören und sprechen, also „4 Ohren- 4 Schnäbel".

Es ist nicht gesagt, dass das, was auf der Appelebene gesagt wird, nicht auf der Beziehungseben gehört wird. Oder anders gesagt, die Frau rennt weinend aus dem Zimmer, weil der Mann nicht weiß, dass Königsberger Klopse ohne Kapern gar nicht geht. Näheres findest Du auf der Website https://wortwuchs.net/vier-ohren-modell/ unter Punkt 3. (Und falls Du jetzt hungrig bist, findest Du das Rezept bei www.chefkoch.de)

Fragen bestimmen die Qualität deines Lebens

Hast Du Dich schon mal gefragt, warum Dein Leben so schwer ist? Warum Du nicht vom Leben geküsst wirst oder warum andere immer den größeren Teil des Kuchens bekommen?
Falsche Frage!! Sorry!! Falsche Frage!!
Und wenn Du diese Fragen noch nicht mal Dir stellst, dann bitte bitte stelle sie auch keinem anderen bzw. stelle sie niemals laut. Am allerbesten denkst Du sie gar nicht erst. Denn mit solchen Fragen nimmst Du Dich selbst so sehr aus dem Gefecht, ziehst Du Dich so sehr nach unten, dass es Dir hoffentlich richtig weh tut. Du machst Dich damit zum Opfer! Zum Opfer des Lebens, zum Opfer der Umstände.

Hausverbot

Alles, was heute in Deinem Leben ist, ist das Ergebnis von dem, was Du in der Vergangenheit gedacht hast. Sollten die oben genannten Fragen öfter an Deine Tür klopfen, erteile ihnen ab heute Hausverbot!! Es ist Dein Kopf und Du bestimmst, welche Gedanken da ein und aus gehen dürfen. Du allein! Sorry, falls das hart klingt! Lass solche Gedanken nie, nie wieder in Deinen Kopf hinein und falls sie doch mal die Security am Eingang überwunden haben, lade sie nicht zum Tee trinken ein. Schmeiß sie raus! Sofort, wenn Du sie wahrnimmst.

Qualitätsfragen

Stelle Dir stattdessen Fragen, die Dich vorwärtsbringen! Was kann ich daraus lernen? Wenn Dein Nachbar Porsche fährt und Du Dir einredest, dass es ja viel gesünder ist, mit dem Fahrrad zu fahren (bei minus 2 Grad und nur leichtem Graupelschauer), dann ist es Zeit für die Frage: Was kann ich leisten, damit ich mir den Porsche leisten kann? Oder als klimafreundliche Variante: Was kann ich leisten, damit ich mir diesen neuen Tesla leisten kann? Was bin ich bereit zu tun, um mir diesen Urlaub zu gönnen? Wer kann mich dabei unterstützen, dass mehr Freude in mein Leben strömt? Wer hat bereits erreicht, was Du erreichen möchtest?

Geh hin und frage diese Person.
Wie hat sie das vollbracht? Du wirst erstaunt sein, wie viele Dir antworten werden, Dich unterstützen und für Dich da sein wollen. Voraussetzung: Du lässt Deine Vorurteile zuhause und bist bereit etwas zu lernen.

Hier ist meine erste Aufgabe für Dich:

Schreib einfach mal 12 Fragen auf, die Du in Zukunft stellen kannst, wenn es wieder mal nicht so läuft, wie Du möchtest:

1.) _____

2.) _____

3.) _____

4.) _____

5.) _____

6.) _____

7.) _____

8.) _____

9.) _____

10.) _____

11.) _____

12.) _____

Und jetzt suche Dir die beste Frage davon aus, mach sie zu Deinem Glücksbringer:

_____

Gesetz der Anziehung

Du kommst nicht aus dem Stand auf die Ideen, die Dich vorwärts bringen! Nach dem Gesetz der Anziehung ziehst Du immer wieder die gleichen Ideen an. Deshalb ist hier etwas Arbeit notwendig, falls Du bisher nur die Opferfragen, gestellt hast. Gleiches zieht gleiches an.

Aber Du kannst sehr schnell neue Fragen in Dein Repertoire aufnehmen, indem Du die Übung oben 3 Monate lang, einmal pro Woche machst. Setzte Dich dazu möglichst immer am gleichen Tag, um die gleiche Zeit hin und schreibe die 12 Fragen auf. Am Schluß suchst Du Dir dann die Frage heraus, welche Dich am meisten vorwärts bringt. (Deiner Meinung nach. Frage niemanden ob die Frage richtig oder gut ist. Du weißt es am besten, welche Frage für Dich gut ist und Deine Mutter weiß, welche Frage für sie gut ist.)

Nach den 3 Monaten (oder auch 12 Wochen) hast Du 144 Fragen gesammelt und die besten 12 herausgesucht. Gehe wieder durch diese 12 Fragen und suche die heraus, welche Dein Favorit ist. Schreibe diese Frage hier auf.

Die Frage die mich voran bringt:

_____

_____

Nun schreibe Dir diese Frage in Dein Handy - als Hintergrundbild auf dem Startschirm. Lass sie als Erinnerung 5 mal am Tag aufpoppen und drucke sie zusätzlich aus. Kurz gesagt, beschäftige Dich intensiv mit ihr. Nach kurzer Zeit wirst Du erstaunt sein, wie

sich Dein Leben gewandelt hat.
Und ja, Du kannst nach einiger Zeit auch zu einer anderen Frage wechseln, wenn Du merkst, dass Deine Frage Dich nicht mehr vorwärts treibt. Tue dies jedoch frühestens nach 6 Wochen.

Ob Du es jetzt glaubst oder nicht, es gibt einen Grund, warum Du diese Frage ausgewählt hast. Auch solltest Du die gesamte Übung nach einem bis 3 Jahren wiederholen. Du hast Dich entwickelt und es ist sehr wahrscheinlich, dass andere Fragen jetzt für Dich hilfreicher sind.

Mein Fernseher

Akzeptiere, dass es einen Sinn hat, mit dieser Frage zu starten. Meine erste Frage war: „Bringt mich das jetzt meinem Ziel näher?" Ich hatte sie auf einem A4 Blatt ausgedruckt und mit Tesafilm am Fernseher befestigt. Jedes Mal wenn ich fernsehen wollte, setzte ich mich mit dieser Frage auseinander. Klappe ich sie hoch und sehe fern oder lese ich doch lieber ein gutes Buch und bilde mich weiter.

Natürlich gibt es auch im Fernsehen immer mal wieder eine gute Sendung oder es ist einfach Zeit, den Akku wieder neu aufzuladen. Es spricht nichts dagegen, dann den Fernseher anzuschalten. Ganz nebenbei - damit Du nicht vergisst den Fernseher nach der Sendung oder der angesetzten Pause wieder auszuschalten - ist ein Timer hilfreich.

Karussell

Du kannst keine Fragen haben, die ein Millionär hat, wenn Du kein Millionär bist. Das liegt daran, dass sie sich von Dir nicht angezogen fühlen. Das Gesetz der Anziehung wirkt auch auf Gedanken.

Stell Dir das vor wie ein Kinderkarussell auf dem Jahrmarkt. Wenn das Karussell sich dreht und Du probierst aus dem Stand aufzuspringen, wirst Du runterfallen. Wenn Du allerdings neben dem Karussell mitläufst, immer schneller wirst, bis Du genauso schnell bist wie das Karussell, dann ist es ein einfacher Schritt und Du stehst sicher auf dem Karussell.

Und wie geht das praktisch? Sorge dafür, dass Du ungestört bist. Schalte Dein Handy in den Flugmodus, tue, was immer notwendig ist, damit Du Dich konzentrieren kannst. Du suchst Dir einen positiven Gedanken oder eine Frage, die positiv ist. Halte diesen Gedanken für 17 Sekunden in Deinem Geist fest. Beschäftige Dich mit nichts anderem. Nach ca. 17 Sekunden wird eine neuer, stärkerer Gedanke auftauchen und wenn Du an dem stärkeren Gedanken wieder 17 Sekunden lang festhältst, wird sich wieder ein noch stärkerer Gedanke einstellen.

Achte dabei darauf, dass Du Dich mit dem Gedanken beschäftigst und nicht krampfhaft nach einem besseren Gedanken suchst. Dieser stellt sich von allein ein.

Aus Schubladen ausbrechen

Mensch lieben es, in Schubladen zu denken. Das ist die Möglichkeit für unser Gehirn, schnell zu reagieren. Es erkennt: „Aha! Das, was da kommt, passt in die Schublade Gefahr" und kann Dich sofort vor dieser Gefahr retten. Es erkennt: „Der kommt aus der Schublade Clown" und schickt Dich sofort in den Modus lustig gechillter Erwartung. Wenn ich immer aus dem Grund „ich muss die Welt vor dem bösen Zucker retten" heraus entscheide, stuft mich Dein Gehirn eventuell unter der Schublade „Moralapostel" ein. Dann wirst Du Dich in Zukunft in meiner Nähe immer so verhalten, als wenn Du neben einem Moralapostel stehst. Wie kannst Du aus diesen Schubladen ausbrechen oder verhindern, dass Du überhaupt in einer Schublade landest? Indem Du immer wieder wählst, wer Du jetzt gerade bist.

Jetzt wähle ich, kinderlieb zu sein. Jetzt wähle ich, der Regimekritiker zu sein. Jetzt wähle ich, der Vielleser zu sein. Und jetzt wähle ich .... zu sein. Dann erkennt Dein Gehirn, dass es sinnlos ist, mich in eine Schublade zu stecken. Es stellt sich darauf ein, dass es nicht vorhersehen kann, wer ich jetzt gerade bin.

Das ist nicht immer zu meinem Vorteil. Doch es gibt nun mal Mitmenschen, die sich nicht in eine Schublade stecken lassen wollen. Sie wollen ihre FREIHEIT.

Erinnerung

Hast Du noch im Hinterkopf, dass es sich hier um ein Mitmachbuch handelt? Den größten Wert ziehst Du aus dem Gelesenen, wenn Du aktiv mit dem Buch arbeitest. Gib Dir darauf Dein Wort. Ich verlass mich auf Dich! Weißt Du mittlerweile, was Königsberger Klopse mit dem 4-Ohren Prinzip zu tun haben?

_____

_____

_____

_____

Gehirn ...

Auch wenn es bei einigen Gesprächen nicht so scheint - das Gehirn ist der wichtigste Part bei einer Kommunikation. Am Anfang haben wir gesagt, dass Kommunikation aus Inhalt, Stimme und Körpersprache besteht.

Weißt Du noch, (ohne zurückzublättern) was welchen Anteil hatte?

Körpersprache: ____%

Stimme: ____%

Inhalt: ____%

Alle diese Informationen werden im Gehirn zusammengeführt und verarbeitet. Hinzu kommen die Informationen aus der Umgebung. Ging gerade die Tür auf? Ist jemand gekommen? Ist das Geräusch von hinten links für mich gefährlich? Muss ich meinen Platz verlassen? Bin ich sicher?

Um diese gewaltige Menge an Informationen verarbeiten zu können, bedient sich das Gehirn, des Unterbewusstseins. Ich weiß, dass jetzt einige Leser sagen „Oh, das ist doch aber nicht genau so, sondern etwas komplexer!". Für unsere Betrachtung reicht es aus.

... denkt in Bildern

Ein Bild sagt mehr als tausend Worte.
Von der unglaublichen Leistungsfähigkeit unseres Gehirns haben wir bisher nur eine begrenzte Vorstellung. Jedoch sind sich die Wissenschaftler einig, dass das Gehirn in Bildern denkt, da es diese

auf einmal speichern und auch wieder abrufen kann.
Lies das nächste Wort und schau, welches Bild in deinem Kopf entsteht. Ist es das Schriftbild oder der Gegenstand?

Baum

Was erschien in Deinen Gedanken:

_____

Warum ist das jetzt so wichtig?

Berechtigte Frage. Wenn Du von einem Auto sprichst, weiß Dein Gegenüber, was gemeint ist - zumindest in der westlichen Zivilisation. Du musst nichts von 4 Rädern, Reifen, Karosse, Frontscheibe, linker Spiegel etc. erzählen. Du schränkst das weiter ein, wenn es wichtig ist.

Wie lustig wird Deine Autogeschichte, wenn Dein Gegenüber einen VW Käfer als Auto kennt und Du sagst, dass Du bei 320 km/h gerade noch durch die Kurve gekommen bist, weil Du an einen Jaguar F-Type gedacht hast.

... liebt Geschichten

Seit Jahrtausenden wurde Wissen durch Geschichten weitergegeben. Bücher gab es nicht und in den Sand schreiben hatte auch keinen Zweck. Bald schon stellten unsere Urväter und Mütter fest, welche Stilmittel dazu führten, dass man sich auch die wichtigen Punkte merkt.

Erinnerst Du Dich noch: Bei Hänsel und Gretel ging es darum, das richtige Material für die Markierung zu verwenden, den Finger zu verbergen und dann im richtigen Augenblick zu handeln. Eventuell holst Du das alte Märchenbuch wieder hervor, jetzt?

Und wenn Du das nächsten Treffen mit den guten Freunden mit den Worten beginnst: „Es ist jetzt fast genau 14 Tage her, dass ich diese magische Buch in die Hand nahm, und ihr könnt gar nicht glauben, was seitdem passiert ist..." - wirst Du erleben, wie sie super gespannt Deinen Worten lauschen.

...will Dich schützen

Die wichtigste Aufgabe Deines Gehirns ist es, Dich zu schützen. Nicht Deine Mutter, nicht Deinen Freund und schon gar nicht Kinder in Afrika. Die alle haben ihr eigenes Gehirn, das sie beschützt. Wenn das nicht so wäre, hätten unsere Vorvorfahren nicht überlebt und Du könntest heute dieses Buch nicht lesen.

Wenn der Säbelzahntiger die Horde überfällt, ist es wichtig, dass Du überlebst und so das Überleben der Horde, des Stammes etc. sicher stellst. Heutzutage sind die Gefahren ja recht überschaubar.

Eines der größten Missgeschicke, vor denen Dich Dein Gehirn schützen will, ist es ja, als Dummkopf abgestempelt zu werden. Und das nur, weil Du Dich beim Vorstellen am ersten Arbeitstag schlecht ausgedrückt hast. Dieses Versagen war Dir so peinlich, dass Dein Gehirn - um Dich zu schützen - sofort dazwischen grätscht, wenn es Dir plötzlich in den Sinn kommt, eine Rede zu schwingen oder gar ein Buch zu schreiben. Du siehst, ich spreche da aus eigener Erfahrung.

Jeder macht es aus seiner Sicht richtig

Das Gehirn eines jeden Menschen ist unterschiedlich aufgebaut. Deshalb ist die Art und Weise, wie Dein Gehirn Dich schützt, völlig unterschiedlich zu der Vorgehensweise meines Gehirns. Aus diesem Grund bekommt der eine Lampenfieber, der andere bricht sich ein Bein und der nächste kriegt Magen-Darm (lol, die waren schon vorher da), wenn er etwas Neues ausprobiert. Und jeder hat seine eigene Strategie, damit umzugehen.

Ich kenne eine Seminarleiterin, die bekommt bei einem bevorstehenden Kurs von Freitag bis Sonntag regelmäßig am Donnerstagnachmittag Durchfall. Damit sie nicht einen Termin zusagt für diese Zeit, hat sie sich diesen Zeitraum schon im Kalender gesperrt.

Mit diesem Wissen ist es Dir nun möglich, alles, was Menschen tun, als aus ihrer Sicht richtig anzusehen. Wenn der Fahrer - der mit seinem bunten Trikot eher einer Litfaß-Säule gleicht als einem normal denkenden Investment-Analytiker - mit seinem teuren Rennrad am Sonntagmorgen durch einen Scherbenhaufen fährt und der Reifen platzt, kann genau das die Schutzfunktion des Gehirns bewirkt haben.

Stell Dir vor, drei Minuten später fährt ein Autofahrer an der nächsten Kreuzung bei Rot über die Ampel. Wenn der Reifen des Radfahrers nicht geplatzt wäre, läge er jetzt im Sterben auf der Straße. Unser Gehirn macht viel mehr für uns, als wir uns überhaupt vorstellen können.

Gedanken

Nachdem wir nun unser Gehirn für seine außergewöhnlichen Fähigkeiten gelobt haben, beschäftigen wir uns mit seiner Fähigkeit, uns mit Gedanken zuzuspammen. Die Wissenschaft geht heute davon aus, dass der Mensch pro Tag über 60.000 Gedanken denkt (manche Quellen gehen sogar von wesentlich mehr aus).

Falls Du jetzt ungläubig schaust - ja, auch Dein Gehirn macht das. Daraus ergibt sich fast zwangsläufig die Frage: Und alle diese Gedanken sollen mich schützen?

Genaugenommen JA!

Um Dich vor all den Gefahren in der Welt da draußen schützen zu können, was glaubst Du: Wieviel Prozent der Gedanken sind auf die Gegenwart gerichtet, wieviele auf die Zukunft und wieviele auf die Vergangenheit?

    Gegenwart: ____%

    Zukunft: ____%

    Vergangenheit: ____%

Dabei ist es natürlich wichtig zu wissen, dass Dein Gehirn Dich nur in der Gegenwart oder in der Zukunft schützen kann. Vergangenheit macht da keinen Sinn mehr.

Möchtest Du Deine Schätzung eventuell nochmal anpassen?

    Gegenwart: ____%

    Zukunft: ____%

    Vergangenheit: ____%

Und schreib mal bitte auf, warum oder warum nicht. Du kannst dabei etwas ganz Wichtiges über Dich herausfinden:

_____

_____

Nach den neuesten Erkenntnissen beschäftigen sich die Gedanken der Menschen 90-92% mit der Vergangenheit, zu 6-8% mit der Gegenwart und nur zu 1-2% mit der Zukunft. Wie hast Du getippt? Was ist Deine Schlußfolgerung daraus?

Meine Schlußfolgerung:

_____

_____

Natürlich muss das Gehirn die Vergangenheit kennen, damit es mich vor einer Gefahr schützen kann. Wenn ein Mensch noch nie ein Motorrad (-unfall) gesehen hat - woher soll es wissen, dass er weglaufen muss, weil es sonst richtig gefährlich wird. Sicher hast Du schon von dem Rat gehört, in der Gegenwart zu leben. Weil Du nur in der Gegenwart die Möglichkeit hast, etwas zu bewirken. Du kannst nur in der Gegenwart handeln. Eventuell hat aber das Gehirn gelernt, dass Handeln die gefährlichste Sache der Welt überhaupt ist. Zumindest denke ich das manchmal, wenn ich sehe, wie wenige Menschen handeln.

Wir alle sind Wissensriesen, aber leider auch Umsetzungszwerge.

> „Mehr als die Vergangenheit interessiert mich die
> Zukunft, denn in ihr gedenke ich zu leben."
> - Albert Einstein -

Wer es schafft, in die Zukunft zu denken, im Hier und Jetzt zu leben und das Vergangene zu akzeptieren wie es ist, der lebt wahrhaftig. Die meisten Menschen planen nur einmal im Jahr etwas Großes. Nämlich dann, wenn sie ihren Urlaub vorbereiten.

Was denkst Du über Vergangenheit, Gegenwart und Zukunft:

_____

_____

_____

Wissen

Wissen ist fast immer vergangenheitsbezogen. „Aus der Erfahrung haben wir gelernt, ...". Den Spruch kennst Du sicher auch. Wissen ist auch eine Prophezeiung „So wird es in Zukunft sein.". Seit Newton wissen wir, dass Äpfel senkrecht nach unten fallen, wie alle anderen Gegenstände auch. Sie werden es auch noch in den nächsten tausend Jahren tun. Der Wissenschaftler kann heute berechnen, wo die Rakete, die in 20 Jahren startet, die Erdatmosphäre verlässt, wie lange sie fliegt und wo auf dem Mars sie landet. Aber auch dieses Wissen ist vergangenheitsbezogen. Es basiert auf den Beobachtungen, wie sich ein Körper unter Berücksichtigung verschiedenster Einflüsse im Raum bewegt.

> „Warum tragen wir hundert Prozent
> unseres Gehirns mit uns herum
> und nutzen es nur zu 1%?"
> - Autor unbekannt -

Hast Du Dich schon mal gefragt, wieviel Du weißt, im Verhältnis zu dem, was es dem Menschen möglich ist, zu wissen? Je nach Quelle schwankt die Antwort zwischen 1%-10%.

Du weißt, was Du weißt

Diesen Bereich kennst Du. Du weißt, dass Du lesen kannst. Wenn Du Roller fahren kannst, dann weißt Du, dass Du Roller fahren kannst. Wenn Du einen Kuchen backen kannst, dann weißt Du, wie man einen Kuchen backt. Wenn Du einen Hammer siehst, dann weißt Du, dass Du weißt, dass das ein Hammer ist. Das ist soweit klar. Hier sind wir im Bereich **„WDW – Du Weißt, dass Du Weißt"**. Stellen wir uns in Gedanken das gesamte Wissen als einen Kreis vor und zeichnen den Bereich „WDW" als ein Tortenstück ein.

Du weißt, was Du nicht weißt

Ok, lass uns einen Schritt weiter gehen. Ich nehme Dich an die Hand und begleite Dich durch diese Gedankenwelt. So, wie es einen Bereich „WDW" gibt, gibt es einen etwa gleichgroßen Bereich von dem Du weißt, dass Du es nicht weißt.

Ich persönlich weiß, dass ich russische Schriftzeichen lesen kann, aber ich weiß auch, dass ich nicht weiß, wie ich japanische Schriftzeichen lesen kann. Ich weiß, dass ich es lernen könnte, aber aktuell weiß ich es nicht. Ein zweites Beispiel: Als Modellpilot weiß ich, wie ich ein Flugmodell steuere. Und ich weiß gleichzeitig, dass ich nicht weiß, wie ich ein richtiges Flugzeug steuern muss, um die Landung zu überleben.

Das ist der Bereich „**WDNW** – Du **W**eißt, dass **D**u **N**icht **W**eißt". Ich nehme jetzt der Einfachheit halber an, dass Du nicht weißt, wie genau die riesigen Rohre einer Gasleitung zusammengeschweißt werden. (Falls doch, ist das toll. Dann such Dir ein anderes Beispiel, das auf Dich passt.) Dann weißt Du, dass Du es nicht weißt und gleichzeitig weißt Du, dass Du es lernen könntest. Zeichnen wir den Bereich auch in unser Bild ein, haben wir jetzt einen Kreis, von dem ca. 6% ausgefüllt sind. Der Rest ist noch frei.

NWDNW

Und dieser Rest ist der spannendste Teil des Kreises. Es ist der Bereich, von dem Du nicht weißt, dass Du es nicht weißt.

„**NWDNW** – **N**icht **W**issen, das **D**u **N**icht **W**eißt".

Jetzt fragst Du Dich eventuell, warum ich der Meinung bin, dass das der spannendste Teil des Kreises ist. Nun, weil aus „nicht wissen", nicht abgeleitet werden kann, dass etwas nicht vorhanden ist, existiert, möglich ist.

Obwohl im Mittelalter niemand Magnetismus kannte, hat das Magnetfeld die Erde schon von Anbeginn ihrer Existenz geschützt. Interessant wird es bei Themen wie der internen Kommunikation: Aufzudecken, wie Wunder gelingen.

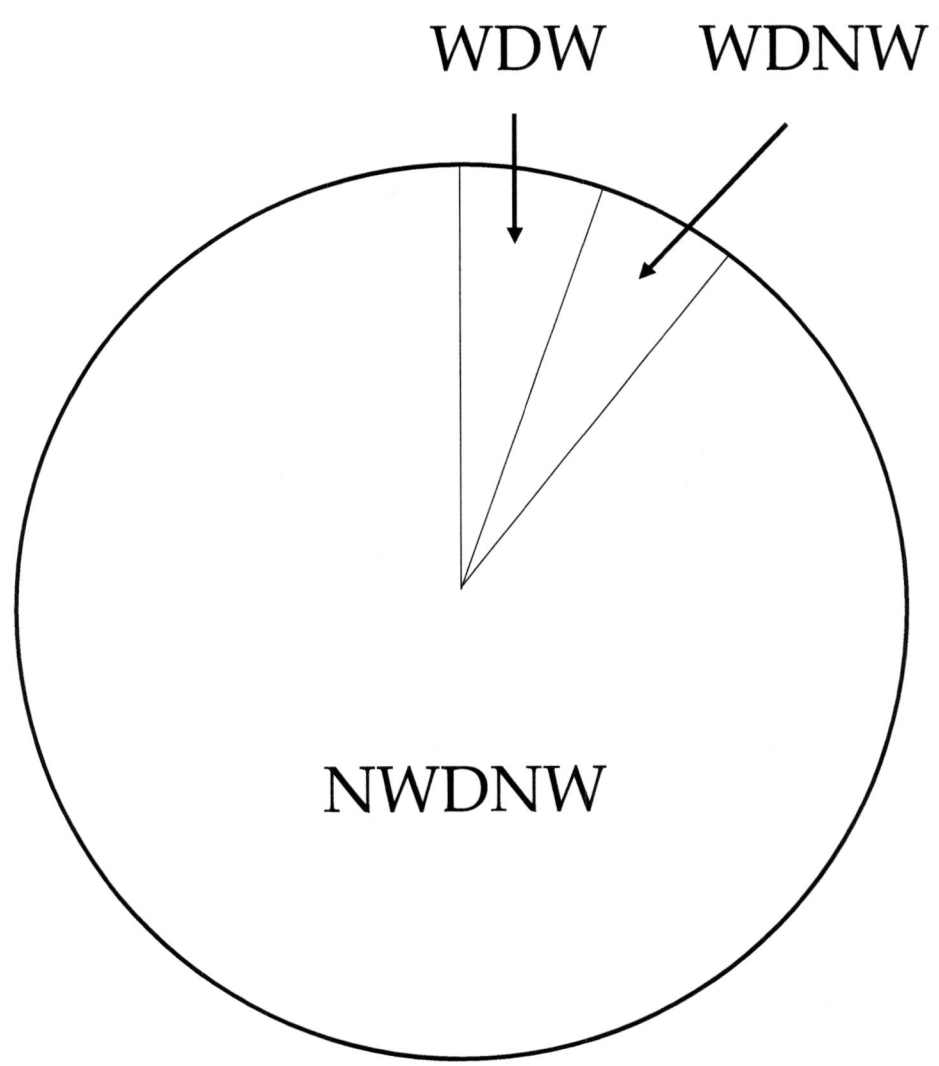

Interpretation

Interpretation ist die Fähigkeit, das Gesagte/Geschriebene zu erfassen und einen Sinn hinein oder heraus zu lesen, der darin enthalten ist (oder nach Meinung anderer enthalten sein sollte). In meinem Umfeld gibt es diesen Spruch:

„Hä, was will uns der Dichter damit sagen?"

wenn sich jemand unklar ausdrückt oder außer dem Sprecher keiner weiß, worum es geht. Du wirst diesen Spruch aus dem Deutschunterricht kennen, wenn es darum ging, in Gedichte, Fabeln oder andere Schriftstücke eine Aussage hinein zu interpretieren.

Und genauso, wie Du im Unterricht dem Dichter Worte in den Mund gelegt hast, die der eventuell nie verwenden wollte, kannst Du Deinem Gegenüber das Wort im Munde umdrehen, so dass ihm nur die Möglichkeit bleibt ein „So war das ja nicht gemeint!" zu stammeln.

Mit wem kommuniziere ich

Bei der Interpretation ist es wichtig zu wissen, mit wem ich kommuniziere. Hast Du einen Schlauberger vor Dir, der sich einen Spaß daraus macht, die Leute zu verwirren? Bei dem Du ständig um die Ecke denken musst? Oder einen Witzbold? Oder gar einen wortkargen Waldschrat, dem Du jede Information einzeln aus der Nase ziehen musst?

Hier kommt es natürlich darauf an, dass auch Dein Gegenüber Dich in irgendeiner Weise interpretiert. Und wenn er Deine Gedanken interpretiert, Dir dann antwortet in einer Art und Weise, die Du dann wiederum interpretierst, kann das Gespräch schnell in eine falsche Richtung gehen.

Achte darauf, dass Du nicht falsch interpretiert werden kannst und bedenke: Nicht jeder, der Deine Worte hört oder liest, interpretiert sie in einer Dir wohlgesonnenen Art und Weise. Gib diesen Zeitgenossen nicht zu viel Angriffsfläche, indem Du dich missverständlich ausdrückst.

Visuelle Menschen

Im Abschnitt Gehirn haben wir uns darauf bezogen, dass das Gehirn in Bildern denkt. Dies ist bei den meisten Menschen der Fall. Diese Menschen müssen Dir jedes Mal ein gesamtes Bild beschreiben, wenn sie mit Dir sprechen.

Dadurch sprechen sie sehr schnell. Manchmal springen sie auch von einem Teil des Bildes zum nächsten. Dann hast Du es eventuell schwer, ihnen zu folgen, da zwei Menschen nie das gleiche Bild im Kopf haben.

Auch deshalb kannst Du nicht verhindern, dass durch Deine Worte Bilder in ihrem Kopf entstehen - manchmal auch Bilder, die Du nie beabsichtigt hast.

Erfassen was da ist, weil es da ist

Visuelle Menschen erfassen unbewusst Dinge, weil diese da sind. Eventuell hast Du bereits etwas von Speedreading gehört. Beim Speedreading „lesen" Menschen tausende Worte pro Minute. Der Weltrekord liegt bei über 4200 Worten pro Minute. Das Buch „Harry Potter und die Heiligtümer des Todes" können diese Menschen in 47 Minuten lesen oder besser: erfassen.

Die Wissenschaftler gehen davon aus, dass das Unterbewusstsein 40 Milliarden Bit pro Sekunde aufnehmen kann. Im Gegensatz dazu können wir nur 40 Bit bewusst verarbeiten. Aus diesem

Geschwindigkeitsunterschied ergibt sich auch die Aussage vom Anfang des Buches, dass die Körpersprache 55% des Gesagten ausmacht, während der Inhalt nur 7% zur Aussage beiträgt.

Auditive Menschen

Wie schon erwähnt, ist der Aufbau des Gehirns bei jedem Menschen anders. Daraus resultiert auch, dass die Wahrnehmung nicht bei allen Menschen in erster Linie visuell erfolgt.

Es gibt auch die auditive Wahrnehmung. Menschen, die diesen Wahrnehmungskanal bevorzugen, hören mehr auf die Zwischentöne oder auch Misstöne in der Kommunikation.

Sie können sofort sagen, aus welcher Richtung ein Geräusch kommt. Meistens sind sie musikalisch sehr begabt. Auditive Menschen sprechen etwas langsamer als die visuellen Menschen. Allerdings sollte Dich das nicht verleiten zu glauben, sie seien deshalb dümmer als visuelle Menschen.

Was wurde Wie gesagt

Auditiven Menschen ist es nicht nur wichtig, was gesagt wurde. Ihnen geht es auch darum, wie es gesagt wurde. Sie beziehen damit die zwischenmenschliche Ebene sehr stark in die Kommunikation ein und interpretieren eine Unterhaltung nach anderen Gesichtspunkten.

Sie sind im Gespräch meist tiefsinniger und analysieren das Gesagte genauer. Hier liegt die Betonung auf „meist". Menschen sind nie gleich. Auch wenn Du jetzt meinst: Ah, das ist dieser Typ Gesprächspartner oder jener (ja, es gibt noch mehr Typen, aber visueller und auditiver bilden den mit Abstand größten Teil ab), kannst Du total überrascht sein, wie sie reagieren.

Was habe ich daraus gemacht

Menschen lieben Geschichten. Allerdings basteln sie sich meist aus dem, was sie erleben, ihre eigene Geschichte. So gut so schön. Leider hängt die Reaktion der Menschen im Nachhinein nicht von dem Gesagten - den Fakten - ab, sondern von der Geschichte, die sie sich darum herum gebaut haben.

In seinem wundervollen Buch „Anleitung zum Unglücklichsein" hat Paul Watzlawick eine Geschichte mit etwa folgendem Inhalt aufgeschrieben:

> Ein Mann soll ein Bild aufhängen. Dafür braucht er einen Nagel und einen Hammer. Da der Hammer fehlt, beschließt er, sich den beim Nachbarn zu borgen.
> Auf dem Weg zum Nachbarn beschleichen ihn eigenartige Gedanken: „Was, wenn der Nachbar mir den Hammer nicht geben will? Schon gestern hat er mich nur so kurz begrüßt. Na ja, eventuell war er in Eile. Aber er hat ja auch irgendwie komisch geguckt dabei. Vielleicht war die Eile nur gespielt und er hat etwas gegen mich. Aber ich habe ihm ja nichts getan, der bildet sich das sicher bloß ein.
> Wenn jemand von mir einen Hammer borgen wollte, ich würde ihm den sofort geben. Aber er, warum will er mir den Hammer nicht geben? Warum will er einem Mitmenschen diesen einfachen Gefallen nicht erfüllen? Kerle wie er vergiften einem das Leben und denken dann auch noch, ich sei auf sie angewiesen, bloß weil er einen Hammer hat. Na, soweit kommt es noch!"
> Er klingelt an der Tür des Nachbarn. Dieser öffnet freundlich die Tür, doch noch bevor er etwas sagen kann, brüllt unser Mann ihn an „Behalten Sie Ihren Hammer, Sie Rüpel!" Dann stürzt er zurück in seine Wohnung und ist enttäuscht von der

Menschheit und seinen Mitmenschen. Er beschließt ganz fest: „Nie wieder spreche ich einen an!"

Warum halten wir an der Geschichte fest

Diese Geschichte verdeutlicht, wie unsere Gedanken Karussell fahren. Wie wir uns mit Interpretationen, Annahmen und Spekulationen in eine Gedankenwelt hineinmanövrieren, von der wir selbst auch noch glauben, dies sei die Wahrheit! Der Mann in der Geschichte würde tausend Eide schwören, dass sein Nachbar unfreundlich war.

Wenn Dir also das nächste Mal eine Reaktion Deiner Mitmenschen unerklärlich ist, finde heraus welche Geschichte sie in ihrem Kopf haben. Dazu sind die folgenden Fragen hilfreich:

- Was ist wirklich passiert?
- Was wurde gesagt?
- Was hast Du gedacht?
- Was hast Du daraus gemacht?

Was trägst Du für Geschichten mit Dir herum? Analysiere sie mit den oben aufgeführten Fragen:

_____

_____

_____

_____

_____

_____

_____

Welche Erkenntnisse kannst Du daraus ziehen:

_____

_____

_____

_____

_____

_____

Wie verhinderst Du, in Geschichten anderer Menschen hineingezogen zu werden?

Ein guter Bekannter erzählte mir immer wieder Geschichten aus seiner Ehe und dabei auch Dinge, die ich gar nicht wissen will. Dabei zieht er über seine Frau her, beschimpft sie und fragt mich dann nach einem Rat, wie er damit umgehen soll. Ich wollte mich nicht in die Sache hineinziehen lassen, da ich auch die Frau kannte. Also sagte ich:

„Alles was ich jetzt sagen würde,
wäre Manipulation!"

Da sich kein Mensch gerne und noch dazu bewusst manipulieren lässt, hatte sich diese Geschichte für mich sofort erledigt.

Was sage ich - 3 Filter

Um den Interpretationsspielraum Deines Gegenübers einzuschränken gibt es die 3 Filter-Regel. Diese kannst Du in jedem Gespräch verwenden. Schicke alles, was Du sagen willst, durch diese drei Filter und wenn eine Regel nicht erfüllt ist, sag es nicht!

- Ist es wahr?
- Ist es notwendig?
- Ist es liebevoll?

Warum solltest Du etwas sagen, was nicht wahr ist. Du willst doch keine Gerüchte verbreiten? Warum solltest Du etwas sagen, was nicht notwendig ist, etwas was offensichtlich ist. Du würdest eventuell nur nachplappern und zum Papagei werden. Das willst Du doch auch nicht? Warum solltest Du etwas sagen, was nicht liebevoll ist? Hier scheiden sich oft die Geister, weil viele Menschen meinen, man muss auch Kritik äußern, um dem anderen zu helfen.

Kritik kannst Du auch liebevoll äußern. Richte Kritik niemals gegen die Person, sondern immer gegen die Sache. Lobe die Person vor der Kritik und mach deutlich, dass Du die Person unterstützen willst. Trenne die Kritik von der Person, kritisiere die Sache und werte die Person auf mit Deiner ehrlichen Meinung.

Was höre ich

Mach doch mit einem Freund einfach mal folgende Übung, mit der Ihr Eure Fähigkeit zuzuhören (oder hinzuhören) dramatisch verbessern könnt. Ihr setzt Euch gegenüber und einer sagt einen einfachen Satz z.B.:

„Im Winter auf dem Weihnachtsmarkt
trinken wir Glühwein."

Jetzt wiederholt der Hörer das Gesagte, wortwörtlich. Der Sprecher bestätigt, dass das Wiederholte genau, das ist, was er gesagt hat. Nicht ungefähr, sondern ganz genau! Stimmt das Wiederholte nicht mit dem Original überein, wiederholt der Sprecher den Satz und der Hörer versucht es noch einmal. Solange, bis der Satz korrekt wiederholt wurde. Dann wechselt Ihr. Immer wenn der Satz korrekt war, wechselt Ihr. Dabei dürfen die Sätze nach einigen Wiederholungen gern auch etwas komplexer werden. Ihr könnt die Übung gern 10-30 Minuten lang machen.

Was ist die Emotion des Gesagten

Anschließend macht Ihr dieselbe Übung noch einmal. Allerdings sagt der Hörer jetzt dem Sprecher zusätzlich, welche Emotion hinter dem Gesagten steht. Hier greift der Hörer auch auf die Stimminformation zurück.

„Das ist ja ein schräger Vogel."

Ist der Sprecher fröhlich, belustigt, ärgerlich oder gar wütend? Klingt Vorfreude oder Anspannung mit? Ist der Satz liebevoll, satirisch oder gar ironisch gemeint? Der Sprecher bestätigt die Emotion oder der Hörer versucht es noch einmal. Wiederholt das Ganze, bis ihr die Emotion jedes Mal richtig trefft.

Was ist der Appell des Gesagten

Und jetzt wiederholt Ihr die Übung ein drittes Mal. Jetzt wird der Satz wörtlich wiederholt, der Hörer sagt dem Sprecher, mit welcher Emotion dieser gesprochen hat und welchen Appell dieser eigentlich vermitteln will.

„Schatz, der Mülleimer ist voll."

Hier ist der Appell mit hoher Wahrscheinlichkeit

...und Du sollst ihn rausbringen!'

Je nach Aufgabenverteilung und Anzahl der Wiederholungen kann die Emotion hier von liebevoll (habe ich allerdings selten erlebt), unbeteiligt, gelangweilt, genervt oder leicht genervt, bis wütend gehen oder gar darüber hinaus. Auch hier geht es um das korrekte Wiederholen des Gesagten, das korrekte Erkennen der Emotion und des Appells.

Sinn der Übung

Diese Übung trainiert das korrekte Zuhören. Dabei seid Ihr voll beim Sprecher. Ihr überlegt nicht schon im Vorhinein, was Ihr als nächstes sagen wollt. Ihr trainiert ebenfalls eure Achtsamkeit. Wenn Ihr Euch sicher fühlt im Erkennen der Emotionen und des Appells, seid Ihr bessere Zuhörer als 97% der Menschen und vermittelt Eurem Gegenüber das Gefühl von echtem Interesse.

Was hast Du aus der Übung gelernt?

Kommunikation mit wem

Mit wem kommuniziere ich? Diese Frage scheint banal, weil, ich weiß ja, wem ich was sage, wem ich antworte, wer mir gegenübersteht. Leider schleichen sich durch diese Banalität, durch dieses „Ach ich weiß ja schon" (siehe Abschnitt Gehirn) Probleme ein, an die wir nie denken. Wenn ich mit meiner Frau kommuniziere, kommuniziere ich dann auch mit den anwesenden Kindern? Und wenn ja, was kommuniziere ich ihnen?

Es gibt das Bild einer Familie am Tisch und die Eltern streiten sich. Sie beschimpfen sich, sie heulen und schreien. Nach einiger Zeit vertragen sie sich wieder und der Mann will der Frau einen Versöhnungskuss geben, worauf sie ganz entrüstet sagt:

„Aber doch nicht vor den Kindern!"

So weit so gut, aber was lernen die Kinder fürs Leben?

„Streiten ist ok, Liebe muss ich verstecken."

Und da diese Situation sicher mehr als einmal im Monat vorkommt, hat sich dieser Gedanke schon ganz tief ins Unterbewusstsein eingegraben, wenn das Kind selbst die ersten Liebeserfahrungen macht.

Mann und Frau

Schauen wir uns einfach mal die Kommunikation zwischen Mann und Frau an. Natürlich gibt es viele Komiker, die sich an diesem Thema schon abgearbeitet haben und sicher kennst Du den Spruch:

„Ein Mann - ein Wort,
eine Frau - ein Wörterbuch"

Auf Youtube gibt es eine sehr schönes Video mit dem Titel

„A tale of two brains",

in dem Mark Gungor einige Unterschiede des weiblichen und männlichen Gehirns erläutert. Da es auch lustig anzusehen ist, meine Empfehlung: Schau es Dir an (leider auf englisch) und lache kräftig.

Aber denke auch darüber nach, was das für Deine Beziehung zum anderen Geschlecht bedeutet:

_____

_____

_____

_____

_____

_____

_____

Steinzeit

Darüber hinaus gibt es Theorien, die die Unterschiede in der Kommunikation auf die Rollenverteilung zwischen Mann und Frau in der Frühzeit der menschlichen Entwicklung (und damit auf die Zeit der Ausprägung des Gehirns) zurückführen.

Der Mann, der als Jäger versucht, jeden Laut zu vermeiden, um die anvisierte Beute nicht zu vertreiben. Der nur das Nötigste mit den Jagdgenossen bespricht, nur Anweisungen gibt, bzw. bestätigt, dass er diese gehört hat.

Im Gegensatz zur Frau, die im Kreise anderer Frauen, im Lager ist. Hier ist es eine ihrer Aufgaben, gefährliche Tiere durch lautes Sprechen zu verschrecken und so sich, die gesamte Gruppe und vor allem auch die Kindern zu schützen. Dafür spricht sie den ganzen Tag, Hauptsache sehr laut.

Macht vs. Netzwerken

Andere Theorien verdeutlichen die unterschiedliche Art der Kommunikation von Mann und Frau. Männer betrachten Kommunikation unter dem Aspekt ‚*Macht*'.

Wie befehlige ich andere, wie sage ich anderen, was ich von ihnen erwarte, was sie tun sollen (für mich). Damit ist Kommunikation ein Mittel zum Teilen. Teile und herrsche wird nicht umsonst dem Mann zugeschrieben.

Frauen betrachten Kommunikation als Mittel zum Netze knüpfen, neudeutsch „Networking". Dabei ist es durchaus gewollt, dass sich Konkurrentinnen (oder die Männer) in Netzen aus Intrigen verfangen, dass ihnen ihr Angebeteter ins Netz geht (Männer locken lieber in die Falle).

Hast Du schon mal darüber nachgedacht, warum es die Kupplerin gibt, aber der Kuppler höchstens bei der Eisenbahn arbeitet?

Was denkst Du über die unterschiedliche Kommunikation von Mann und Frau:

_____

_____

_____

_____

_____

_____

> „Eine Frau hat immer das letzte Wort bei einem Streit. Alles, was der Mann danach noch machen könnte, ist der Beginn eines neuen Streits."

Ich mit anderen

Nach außen kommunizierst Du mit anderen. Du gibst ihnen Befehle, Anweisungen, Hinweise, Ratschläge, liebe Worte etc. Dabei übernimmst Du die Verantwortung für das Gesagte. Nochmal deutlich: Du bist verantwortlich für die Kommunikation, die Du mit anderen führst. Kennst Du solche Aussagen:

> „Ja ich hab's ihm doch gesagt, was kann ich dafür, wenn er mich nicht versteht."

―――――

„Der hat mir nicht richtig zugehört,
das ist dann doch seine Schuld."

―――――

„Ja, dann muss er eben nachfragen,
wenn er was nicht versteht!"

Diese Ausreden führen geradewegs in die Opferrolle. Egal was der andere versteht, er wird danach handeln. Deshalb ist es Deine Verantwortung. Frage nach, wenn Du Dir nicht sicher bist, ob er Dich verstanden hat. Lass Dir erklären, was er denkt, verstanden zu haben.

Andere zu mir

Nach ein wenig Diskussion verstehen die meisten, warum sie die Verantwortung für das übernehmen sollten, was sie anderen sagen. Allerdings ist für viele ‚Schluss mit lustig', wenn ich sage, dass sie auch verantwortlich sind für das, was andere zu ihnen sagen.

Wie soll denn das gehen, Du weißt doch gar nicht, was er zu Dir sagen will. Wie kannst Du da die Verantwortung übernehmen? Schauen wir mal genauer hin. Wenn Du mit dem Fahrrad stürzt, werden andere zu Dir sagen:

„Du bist gestürzt."

Wenn Du als Profifußballer eine schlechte Leistung im Spiel lieferst, werden andere Dich fragen:

„Was hast Du denn heute für einen Mist gespielt"

Nach Deinem super tollen Tanzauftritt, werden die Leute sagen:

„So wie Du möchte ich auch tanzen können."

Ja und Du weißt, Du bist dafür verantwortlich, dass die Leute so reden. Eventuell wird nicht jeder Fußballer die Verantwortung für seine Leistung übernehmen und sich deshalb ungerecht bewertet fühlen, aber das steht auf einem anderen Blatt.

Einmal rief die Labour-Abgeordnete Bessie Braddock im Unterhaus Winston Churchil bei einer Feier zu: „Winston, Sie sind betrunken!" Worauf Churchill erwiderte: „Bessie, Sie sind hässlich. Morgen werde ich wieder nüchtern sein und Sie immer noch hässlich." Zumindest wusste er, dass er für Bessie's Aussage verantwortlich war.

Andere zu Anderen

Ralf, das ist nicht Dein Ernst wirst Du jetzt sagen, wenn ich behaupte, das Du auch für die Kommunikation verantwortlich bist, die Andere mit Anderen führen, wenn Du in der Nähe bist.

Jedoch wenn ein starker Schiedsrichter in der Nähe ist, wird kein Fußballer den Gegner rassistisch beschimpfen. Wenn der Dirigent Herbert von Karajan im Raum ist, wird sich kein Musiker oder Zuschauer negativ über den Komponisten äußern, dessen Stück gerade aufgeführt wird, auch wenn dieser ein noch so ausschweifendes Leben geführt hat. Du bekommst lediglich zu hören:

„Oh seine Musik war so wundervoll.
Warum ist er so zeitig gestorben?"

Wie übernimmst Du Deine Verantwortung in der Kommunikation:

_____

_____

_____

_____

_____

_____

_____

_____

Interne Kommunikation

Dass es in Deiner Verantwortung liegt, wie Du mit Dir selbst kommunizierst, besprechen wir an mehreren Stellen in diesem Buch. Ich hoffe inständig, dass Du diese Verantwortung übernimmst. Dass Dir bewusst ist, dass Du damit die Verantwortung über Dein Leben übernimmst.

Wenn Dir bewusst wird, dass Du dieser Verantwortung gerade wieder nicht gerecht wirst, kannst Du Dich mit folgenden Gedanken aus der Falle befreien. Sag 20 bis 100 mal:

„Ich bin glücklich, gesund und gelassen!"

Manchmal begegnet Dir diese Aussage auch als die „drei G's".

Ich für mich habe diese noch etwas erweitert auf:

> **„Ich bin**
> **glücklich, geliebt,**
> **gesund, reich**
> **gelassen und dankbar!"**

Du kannst den Satz für Dich anpassen und erweitern, so dass er Dich und Deine Wünsche optimal unterstützt.

Schuld ...

„Du hast Schuld! Du bist schuld daran!" Diese Sätze mag keiner gern. Wenn ich jemandem die Schuld gebe, dann schaffe ich mir damit keinen Freund. Menschen verstehen nicht, dass es keinen Sinn hat, anderen die Schuld zu geben. Denn was passiert dabei? Wenn ich sage: „Peter hat Schuld, dass ich zu spät komme, weil er mir die falsche Urzeit gesagt hat, wann wir uns treffen." Dann gebe ich Peter die Verantwortung. Peter ist der Einzige, der es ändern kann.

... und Macht

Das heißt, Peter hat die Macht, es zu ändern. Ich bin in dem Falle *„machtlos"*! Und glaube mir, machtlos zu sein ist die schlimmste Position, die Du Dir vorstellen kannst - weil Du dann Opfer bist. Es ist dann nicht mehr in Deiner Macht. „Die Umstände sind schuld, dass ich nicht Millionär geworden bin." Was kann ich jetzt noch tun? Genau nichts, weil - die Umstände haben die Macht. „Der Markt hat schuld, er war gegen uns". Wer hat jetzt die Macht? Viele vergessen, dass wenn sie anderen die Schuld geben, sie gleichzeitig die Macht, etwas zu verändern, abgeben. Deshalb freue Dich, wenn Dir jemand die Schuld gibt. Dann hast Du die Macht, die Dinge zu ändern. Dann bist Du der Einzige, der etwas bewegen kann.

Womit bist Du nicht zufrieden:

_____

_____

_____

Wem gibst Du die Schuld dafür:

_____

_____

_____

Wer hat die Macht, das zu ändern:

_____

_____

_____

Wie holst Du Dir die Macht über Dein Leben zurück:

_____

_____

_____

Wie wird aus dem Partner der Schuldige

Ein junges Paar ist in eine Wohnung gezogen. Sie stehen in der Küche und er lässt eine Tasse fallen. Die Tasse zerspringt in tausend Teile. Es war ihr Lieblingstasse. Sie schaut ihn an und denkt: ‚Pech'.

Nächsten Tag stößt er das Wischwasser um. Sie schaut ihn an und denkt: ‚Pech'. Beim Renovieren bohrt er die Stromleitung an. Sie schaut ihn an und denkt: ‚Pech'. Wenn das einige Zeit so weitergeht, denkt sie ‚Pech', schon wenn sie ihn ansieht. Sie reagiert dann automatisch, wie der Pawlow'sche Hund. Dabei ist es dann egal, ob er etwas fallen ließ oder etwas falsch gemacht hat. Sie sieht ihn an und denkt: ‚Pech'.

Was glaubst Du, wie lange diese Beziehung gut geht? Um diesen Effekt zu vermeiden ist es wichtig, gemeinsam zu lachen, sich zu freuen, Spaß zu haben - bei jeder Gelegenheit. Hier kommt es darauf an, dass mindestens das Verhältnis 2:1 eingehalten wird, also zweimal Lachen und Spaß haben und einmal Pech haben, damit im Gehirn die positiven Erlebnisse überwiegen. Auch hilft es, wenn sie ihn nach einem Missgeschick nicht anschaut Dies ist allerdings Übungssache, weil es bei den meisten Menschen ein Impuls ist, dorthin zu schauen, wo etwas passiert, wo das Geräusch herkommt. Dafür bedarf es eines starken Willens und viel Training.

Tausche die Schuldigen

Ich habe 1988 geheiratet und schon nach kurzer Zeit war mir dieses Schuldkonzept mit dem dazugehörigen Schuldgefühl zu doof. So haben wir mit meiner Frau festgelegt, dass jeder ein halbes Jahr lang die Schuld hat, egal was passiert. Im ersten halben Jahr war ich dran.

Ich ließ den Bilderrahmen mit unserem Hochzeitsfoto fallen und war schuld. Meine Frau verpasste die Bahn und ich war schuld. Ich habe die falsche Milch gekauft und war schuld. Sie hatte die Tasche in der Bahn vergessen und ich war schuld. Nach einem halben Jahr haben wir gewechselt. Sie war schuld. Ich fuhr mit dem Auto in den Graben, sie war schuld. Zu dem Zeitpunkt war sie zwar auf Arbeit und hatte nichts mit meiner Fahrt zu tun, aber sie war schuld. Das haben wir dann noch zwei – dreimal getauscht, dann brauchten wir keine Schuld mehr.

Wir akzeptieren, es ist passiert und fertig. Jetzt schauen wir, wie wir mit den Folgen umgehen. Bei einer Tasse sind die Folgen nicht so gravierend (außer der Sammeltasse von Tante Else, die morgen zu Besuch kommt) wie bei einem Auto.

Dieses Spiel kannst Du natürlich auch mit guten Freunden und Bekannten machen. Mach es solange, bis sich der Effekt einstellt, dass es lustig wird, nach dem Schuldigen zu fragen. Bis es lächerlich ist, sich auf den Schuldigen zu beziehen. Auf Arbeit kannst Du das Spiel nur machen, wenn Ihr ein sehr starkes Team seid, weil es sich hier meist um hierarchische Rangfolgen handelt, wo Schuldzuweisung das System stützt.

Mit wem kannst Du dieses Spiel spielen:

_____

_____

Wann startet Ihr und wie viele Runden habt Ihr gebraucht, bis das Schuldkonzept für Euch überflüssig wurde:

_____

_____

Lügen

Keiner wird gern belogen und doch: der Mensch lügt durchschnittlich 200 – 250 mal am Tag. Wenn ich jetzt sage „Ja, aber ich doch nicht", dann hast Du mich schon erwischt. Doch was macht das Lügen so unersetzlich für uns? Schon in unserer Abstammungsgeschichte ist die Lüge tief verankert. Eva nahm den Apfel von der Schlange, die in Wahrheit der Teufel war. Wenn Du zurück denkst an das Kapitel „Gehirn", dann hast Du schon den Hauptgrund für unsere Schutzbehauptungen gefunden.

Unser Gehirn verbiegt lieber die Wahrheit, als dass es uns einer akuten Gefahr aussetzt. Leider setzt es uns der langfristigen Gefahr der Entdeckung aus. Das Entdecktwerden ist allerdings keine akute Gefahr, darauf kann das Gehirn immer noch reagieren, wenn es so weit ist.

Lügenmuskel

Genau wie ein Muskel des Oberschenkels durch ständige Benutzung trainiert wird, wird auch der Lügenmuskel trainiert. Und ja, je häufiger wir lügen, desto einfacher wird es für uns und um so schneller sind wir bereit, anderen ins Gesicht zu lügen. Das führt dann manchmal soweit, dass jemand sich gar so tief im Netz aus Lügen verstrickt, dass sein Gehirn es vorzieht, ihn durch Freitod vor der Blamage der Entlarvung zu schützen.

Zu Kindern

Die Wissenschaft hat herausgefunden, dass Kinder bereits im Alter von drei Jahren anfangen zu flunkern und mit 6 Jahren bereits Münchhausen Konkurrenz machen. Und natürlich haben sie sich das bei uns Erwachsenen abgeschaut. Wir glauben ja wirklich,

Kinder würden es nicht merken, wenn wir ihnen sagen, dass der nächste Bissen, den es noch aufessen muss damit der Teller leer wird, für Oma ist. Nur nebenbei - was haben wir von dieser Geschichte, dass der Teller leer gegessen werden muss, damit morgen die Sonne scheint? Genau: das Klima hat sich erwärmt und Übergewicht bei Kindern ist zum Massenphänomen geworden. Und bitte, versuch jetzt nicht, das Deinen Kindern als Wahrheit zu verkaufen.

Nein Nein Nein

Etwas vom Schlimmsten, was man Kindern außer körperlicher Gewalt antun kann, ist das ständige Nein-Sagen - begründet mit einer Lüge.

„Nein, das darfst Du nicht,
weil man das nicht macht!"

Kennst Du diese Erziehungssprüche? Wer ist hier „man"? Warum sagen wir nicht ehrlich: „Ich möchte schlafen, weil ich müde bin." Anstatt: „Jetzt singt man nicht mehr, weil es schon dunkel ist!". Ein Kind hört ca. 180.000 mal „nein" bis es volljährig ist. Und anschließend erwarten wir, dass es lebensbejahend seinen Weg geht. Was ist denn das für eine Lebenslüge.

Müssen Kinder wirklich machen, was ich will

Ebenfalls eine der größten Lügen, die wir uns auftischen können, ist die Aussage: „Mein Kind muss machen, was ich will". Früher auch gern hinter dem Spruch versteckt: „Solange Du Deine Füße unter meinem Tisch steckst, wird gemacht, was ich sage!". Meist rechtfertigen wir so ein Verhalten mit dem Hinweis, das Kind muss wohlerzogen sein.

Auch hier lügen wir uns selbst in die Tasche. Ein Kind muss mit dem Leben zurechtkommen, wenn es das Elternhaus verlässt. Da hilft es nicht, dass ich ihm die ganze Zeit vorschreibe, was es zu tun und zu lassen hat, nur „weil man das nicht macht".

Hier ein kleines Beispiel, wie wir den Kindern das Leben vermiesen können:

Einem kleinen Mädchen wird gesagt, dass es so schön ist, weil es so schöne lange blonde Haare hat. Jeder, der zu Besuch kommt, sagt immer wieder, wie schön sie doch ist. Und das Mädchen freut sich darüber. Was keiner weiß, ist der Kampf der Mutter gegen die Uhr beim morgendlichen Haare kämmen und dass oft Tränen fließen, weil die Haare ziepen.
Irgendwann entscheidet die Mutter, die Haare müssen ab. Also geht es auf zum Friseur. Dem Mädchen schwant was kommt und sie versucht sogar noch vom Friseurstuhl zu entkommen. Es hilft ihr aber nichts - sie wird eingefangen und die Haare werden abgeschnitten. Das Mädchen weint. Am nächsten Tag kommt der Besuch, aber niemand spricht mehr davon, wie schön das Mädchen ist. Alle sagen: „Ach wie schade um die Haare, früher warst Du so schön". Im Kopf des 4-jährigen Mädchens verfestigt sich nun der Gedanke: „Ich bin hässlich!".
Von nun an hatte sie das Urteil über ihr Leben gesprochen: „Ich bin hässlich!". Ich geh nicht aus dem Haus, ich bin hässlich! Ich gehe nicht zum Abschlußball, ich bin hässlich! Mich heiratet keiner, ich bin hässlich! Mein Mann ist fremd gegangen, ist ja klar - ich bin hässlich!". Es hat bis zu ihrem 53. Lebensjahr gedauert, dass sie in einem Kommunikations-Seminar erkannte, wie sie ihr ganzes Leben lang gelitten hatte, weil ihre Mutter es morgens eilig hatte. Und das Schöne in diesem Fall: Sie hatte die Größe, es ihrer Mutter nicht vorzuwerfen.

Wo lügst Du

So nun wird es ernst!
Wo lügst Du? Wen belügst Du? Warum lügst Du? Seit wann lebst Du diese Lüge? Wovor willst Du Dich mit Deinen Lügen schützen? Wem willst Du gefallen oder gar imponieren? Weshalb denkst Du, Du kommst mit Lügen weiter als mit der Wahrheit?

Ich bitte Dich, diese Fragen für Dich auf einem extra Zettel zu beantworten - einfach deshalb, dass Deine Kinder keinen falschen Eindruck von Dir bekommen, sollten sie nach Deinem Tode das Buch im Nachlass finden.

Wenn Du diese Übung ausführlich und ohne falsche Scheu machst, können das die wichtigsten Blätter Deines Lebens sein. Die Übung ist so mächtig, dass Du sie von Zeit zu Zeit wiederholen solltest. Meine Empfehlung: Spätestens alle drei Jahre solltest Du diese Übung wiederholen. Dadurch kannst Du schauen, in welche Richtung sich Dein Leben verändert hat.

Was ist Deine Lebenlüge?

Eine meiner Lebenslügen war: „Es geht auch ohne!". Ich bin 7 Jahre alt und wir stehen auf dem Schulhof. Es ist der 1. September 1968. Die Sonne scheint, es ist mein erster Schultag. Alle Kinder, die mit mir auf dem Schulhof stehen, sind riesig aufgeregt, denn gleich gibt es die Zuckertüte zum Schulstart. Ein Kind nach dem anderen wird aufgerufen und bekommt seine Zuckertüte. Als alle Zuckertüten verteilt sind, habe ich keine in der Hand. Der Korb mit den Zuckertüten ist leer. Ich kämpfte mit den Tränen, wollte aber tapfer sein und sagte zu mir selbst:

„Es geht auch ohne!"

Und das wurde dann zu meiner Wahrheit! Ich habe es geglaubt und gelebt! Meine Lüge war: es geht auch ohne Zuckertüte, es geht auch ohne Geld, es geht auch ohne Job etc. Und so lebte ich ein Leben im Mittelmaß. Ein neuer Jaguar F-Type kostet 155.238,- Euro. Ah ja, es geht auch ohne!

Und nun wieder zu Dir. Was ist Deine Lebenslüge? Schau genau hin! Schreib es wieder auf einen (gern auch zwei oder mehr) extra Zettel (Du weißt schon). Und schreib dazu, warum Du denkst, dass diese Lüge gut für Dich ist. Lass Dir Zeit und schau genau hin, es geht um Dein Leben.

Lügen zum Vorteil aller?

Ist eine Lüge immer negativ? Müssen wir wirklich die Lüge verdammen? Rumsfeld hat der Welt erzählt, dass der Angriff auf den Irak notwendig sei, weil dort Massenvernichtungswaffen gebaut/gelagert werden. Das war ganz klar eine Lüge. Und durch sie wurde die Welt, von einem Diktator befreit. Ist die Lüge dadurch zu rechtfertigen?

Was denkst Du dazu:

_____

_____

_____

Wenn Lüge zur Wahrheit wird

Nochmal kurz zu den Kindern. Ein 14-jähriger zeigt mir seine Zeichnung. „Oh, ist das aber schön. Du solltest unbedingt öfter zeichnen!", höre ich mich sagen. Ich will ihn ja nicht verletzen. Innerlich denke ich: „Was für ein Trottel, das kann meine 5-jährige Nichte besser". 13 Jahre später treffe ich den jungen Mann wieder. Er bedankt sich bei mir mit den Worten: „Du hast mir gesagt, ich soll unbedingt weiter zeichnen, weil ich so gut bin! Vor zwei Wochen habe ich die Zulassung zur Kunstakademie erhalten. Du warst der einzige, der es schön fand!"

Schreib mal auf: Was macht das mit Dir?

_____

_____

_____

_____

Überraschung

Oder eigentlich auch nicht. Sorry, dass ich Dich mit dieser Kapitelüberschrift angelogen habe. Beim Durcharbeiten merke ich, dass ich mit dem Thema „Lüge" noch nicht durch bin. Also freu Dich auf ein weiteres Buch von mir, in dem wir dieses Thema noch einmal tiefer betrachten. Du bist doch dabei? Ich verlass mich auf Dich.

Sprache

Durch Sprache kannst Du ausdrücken, wie es Dir aktuell geht. Du kannst beschreiben, wie Du ein Ereignis wahrnimmst. Du kannst jemanden bitten, Dir zu helfen und Dich zu unterstützen. Du kannst andere zum Weinen oder zum Lachen bringen. Du kannst andere warnen. Du kannst befehlen. Du kannst Deinen Anspruch auf gewisse Dinge kundtun. Mit Sprache kannst Du Menschen klein machen oder andere in ihre Größe bringen. Mit Sprache kannst Du an andere oder Dein Gewissen appellieren. Du kannst über Sachverhalte informieren, kannst Zahlen, Daten, Fakten vermitteln.

Sprache hat auch viele Facetten. Sie kann derb sein, liebevoll, vernichtend, aufbauend, schmutzig, klagend, gewinnend, ermutigend. Und Sprache kann so viel mehr sein. Sie darf Freude vermitteln oder Bedauern, Trauer oder Liebe.

Bildhafte Sprache

Das Gehirn denkt in Bildern haben wir im Abschnitt „Gehirn" festgestellt. Und Sprache funktioniert am besten in Bildern. Wenn Dein Lehrer Dir gesagt hat, dass der Mond ein Volumen von $2{,}20 \times 10^{10}$ km^3 hat, hast Du es höchstwahrscheinlich spätestens nach der nächsten Pause nicht mehr parat.

Wenn er Dir allerdings erklärt, dass Du in die Erdkugel nicht nur eine Mondkugel oder zwei Mondkugeln, auch nicht 10 oder 20, sondern ca. 50 Mondkugeln reinstecken kannst, ist die Wahrscheinlichkeit groß, dass Du es Dir mindestens bis zu nächsten Prüfung merkst. Und falls er Dich noch auffordert, Dir vorzustellen, wie Du 50 mal die Erde öffnest und einen Mond nach dem anderen in die Erde schiebst - wie Du ab dem 38. mal schon schauen musst, in welche Ecke Du diese Mondkugel legst, damit die Erde nicht ausbeult und wie Du bei der 50. Mondkugel richtig pressen und schieben musst, damit die 50. Mondkugel auch wirklich noch reinpasst in die Erdkugel – dann erinnerst Du Dich noch in 20 Jahren an diesen Lehrer, dieses Experiment und die 50 Mondkugeln.

Nicht an den Löwen denken!

Oft hört man die Aussage, dass das Gehirn das Wort „NICHT" nicht kennt, es eventuell nicht verarbeiten kann. Dies wird dann meistens mit der Aufforderung verbunden, jetzt NICHT an einen blauen Elefanten zu denken. Natürlich entsteht im Kopf der meisten Zuhörer jetzt das Bild von einem blauen Elefanten. Dies gilt dann als der ultimative Beweis: das Gehirn kann das Wort „NICHT" nicht verarbeiten.

Aus meiner Sicht hat das Gehirn kein Bild für „NICHT" zur Verfügung. Doch das Sprachbild „blauer Elefant" wird durch das Gehirn sofort hervorgerufen, während es bei „NICHT" einer Verarbeitung bedarf. Heißt es nicht sichtbar, nicht da, nicht vorhanden?

In diesem Zusammenhang ist eine Untersuchung zu Verkehrsschildern in Amerika interessant. Früher war dort auf den Geschwindigkeitsschildern die Geschwindigkeit als Wort ausgeschrieben. Bei Aufhebung der Geschwindigkeitsbegrenzung war die Schrift mit einem roten Kreuz durchgestrichen. Die Autofahrer verarbeiteten die Schrift und das Kreuz gleich schnell. Seit die Geschwindigkeit in Zahlen geschrieben wird, erfassen die Autofahrer die Geschwindigkeit als Bild und somit viel schneller als das Kreuz, das erst verarbeitet werden muss. Und hier mal ein kleines Experiment:

Hast Du schon mal ein Bild von hungernden Löwen in der Wüste gesehen? In Fotobüchern über die Wüsten Afrikas sind diese hungernden Löwen zu sehen. Sie sind mager, ängstlich und dünn. Du kannst ihre Rippen durch das Fell zählen. Sie sehen einfach nicht gut aus. Kannst Du Dich erinnern, schon jemals so ein Bild gesehen zu haben? Wie kannst Du den Löwen noch beschreiben? Male ihn Dir richtig plastisch vor Deinem inneren Auge aus. Ok. Wir sind ja mit einem blauen Elefanten gestartet. Denke jetzt mal NICHT an einen satten Löwen.

Welches Bild ist in Deinem Kopf aufgetaucht? Hast Du, wie die meisten Menschen, den hungernden Löwen gesehen? Das bedeutet, wenn Du Deinem Gegenüber ein Bild in den Kopf setzt, kannst Du es auch später wieder abrufen. Manche nennen das Manipulation.

Ich bin nicht reich

Dass das Gehirn das „nicht" sehr wohl verarbeitet, kann man auch an den Affirmationen aus dem Abschnitt Kreation sehen. Aus der Affirmation: „Ich bin nicht reich" müsste mein Gehirn ja ein: „Ich bin reich" machen. Ich könnte dann die ganze Zeit vor mich hin sagen: „Ich bin nicht reich!" und würde Reichtum anziehen ohne Ende. Leider funktioniert das nicht und ich bitte Dich, das wieder ganz schnell zu vergessen. Worte lösen in uns Gefühle aus und auf diese Gefühle reagieren wir Menschen. Wie Du richtig mit Affirmationen und Afformationen arbeitest, klären wir im Abschnitt Kreation.

Was Du über mich sagst ...

Was Du über mich sagst, sagt mehr über Dich aus als über mich. Hier spielen die Filter Deiner Wahrnehmung eine ganz große Rolle.

Denn so, wie Du mich wahrnimmst, sprichst Du über mich. Dazu gehört natürlich Deine Vergangenheit. Was hast Du erlebt? Was wurde Dir in der Schule gelehrt? Jeder, der gelernt hat, dass die Erde eine Kugel ist, die um die Sonne kreist, wird den Anhänger des Geozentrischen Weltbildes für verrückt oder für zu spät geboren beurteilen. Bist Du Christ, Atheist, Jude oder Moslem? Was hast Du über mich bereits gehört? Wer hat es gesagt? Ein Freund, ein Lehrer, Deine Eltern, hast Du es in der Zeitung gelesen oder kam es im Fernsehen? Warum stimmt/stimmt es nicht für Dich?

Natürlich ist Deine Aussage über andere Menschen und Dinge auch geprägt von den vorgenannten Fakten. Du wirst niemanden loben, der gegen Dich, Deine Familie oder Deine Freunde die Stimme erhoben hat, es sei denn er will sich entschuldigen. Wenn allerdings Dein bester Freund etwas sagt, ist er Deiner wohlwollenden Meinung schon sicher.

Du wirst negativ über den Lehrer sprechen, der Dich benachteiligt hat und positiv über den, der Dich gefördert hat - wobei die Beurteilung, ob benachteiligt oder gefördert, auch schon wieder Deiner Prägung in der Vergangenheit unterliegt.

Wenn Dir also das nächste Mal jemand von der großen Gemeinheit erzählt, die XY ihm angetan hat, tust Du gut daran, genau zu prüfen: Wer erzählt es Dir? Welche Interessen verfolgt der Erzähler?

Verben – für passive/aktive Sprache

Eventuell weißt Du es noch aus dem Deutschunterricht: Verben bestimmen, ob Deine Sprache aktiv ist oder passiv. Dabei ist passive Sprache nicht per se schlecht. Du musst einfach wissen, dass Du mit passiver Sprache schwer zum Handeln, zum Mitmachen auffordern kannst.

In passiver Sprache lässt Du etwas geschehen.

„Man brachte mir den Kuchen."
„Ich bekam ein Stück Torte."
„Der Bote überbrachte den Brief."

Dynamischer, farbiger, aktiver ist der Satz, wenn Du sagst:

„Ich hole mir ein Stück Kuchen."
„Ich kostete die Torte."
„Ich riss den Brief an mich."

Damit begeisterst Du Menschen. So bewegst Du sie, mitzumachen und Dir zu folgen.

Adjektive für lebhafte Sprache

Mit Adjektiven, auch bekannt als Eigenschaftswörter, wird Sprache lebendiger und ausdrucksstärker. Nehmen wir die obigen Sätze und vergleichen sie mit:

„Ich bekam ein riesiges Stück dieser
bezaubernden, zuckersüßen Sahnetorte."

„Ich hole mir eilig ein herzförmiges Stück von
diesem süßlich duftenden, roten Kirschkuchen."

„Mit einer hastigen Bewegung riss ich dem
verdutzt schauenden Boten den verhängnisvollen
Brief aus der erstarrten Hand."

Solche Sätze versetzen den Zuhörer direkt in das Bild, dass Du mit Sprache, besser: mit Deiner außergewöhnlichen Sprache, zeichnest.

Sprache beschreibt die Welt

Die meisten Menschen benutzen Sprache, um die Welt da draußen und die Welt hier drinnen zu beschreiben. Dafür benutzen wir die passenden Worte. Wir kontrollieren und beschützen, wir vermeiden und überzeugen mit Sprache. Wir Menschen wollen Ergebnisse erzwingen. Dafür manipulieren wir. Dafür leisten wir, wenn es sein muss, Widerstand. Wir versuchen, andere zu überzeugen, zu kommandieren und zu befehlen. Wir verteidigen unsere Meinung oder verändern unsere Meinung. Dies tun wir, um eine unserer Meinung nach kaputte Welt zu reparieren und in ihr zu überleben. Wir kommunizieren, indem wir die Welt beschreiben, Dinge zum Ausdruck bringen.

Leider ist diese Kommunikation nach hinten gerichtet und vergangenheitsbezogen. Sie schreibt fest was ist, ohne Aussicht auf Veränderung oder gar Verbesserung.

Wie beschreibst Du die Welt:

_____
_____
_____
_____
_____
_____

Sprache kreiert die Welt

Die andere Art und Weise um Sprache zu benutzen, besteht darin, die Welt neu zu kreieren. Dies kommunizierst Du, indem Du Dinge loslässt und vergibst - Dir selber, Deinen Eltern, anderen Familienmitgliedern, allen Dingen und Ereignissen, von denen Du Dich negativ beeinflusst fühlst.

Du kommunizierst dies, indem Du akzeptierst und bereit bist, anderen deinen Service zu bieten. Du bist in Integrität und übernimmst Verantwortung. Du bist allen Menschen, allen Wesen und allen Dingen gegenüber großzügig. Du bist gewinnend, ohne Druck zu machen, und erreichst Deine Ziele in Kommunikation. Dann ist Deine Kommunikation vorwärts gerichtet und zukunftsbezogen.

Einstein wird der Spruch in den Mund gelegt:

„Mehr als die Vergangenheit interessiert mich
die Zukunft, denn in ihr gedenke ich zu leben."

Mit dieser Kommunikation bist Du nicht mehr Opfer der Welt, sondern Du bist Kreator Deiner Welt. Du bist nicht mehr gefangen in Deiner Welt, sondern Du bist der Herrscher über Deine Welt. Du brauchst Dich nicht mehr über die Dinge, die Dir nicht gefallen ärgern, weil Du sie so erschaffen hast, wie sie sind. Und wenn sie Dir noch nicht gefallen oder nicht mehr, dann änderst Du sie.

Wie könnte Deine Welt aussehen, wenn Du täglich eine Stunde Deine Welt, Deine Zeit kreieren würdest:

Kreation

„Ich mache mir die Welt, …wie sie mir gefällt!" Wer kennt es nicht, dieses Lied, das Pippi Langstrumpf im gleichnamigen Kinderbuch von Astrid Lindgren singt. Die meisten Leute wissen gar nicht, wie viel Wahrheit in diesem Satz steckt. Sprache kreiert Welt. Sprache kreiert Leben. Sprache kreiert Dein Leben. Was immer Du sagst - das Universum hört mit und liefert. Leider nicht immer sofort, aber es liefert immer.

Die Macht des „Ich bin!"

Wie schön ist es, Leuten zu begegnen, die von sich sagen:

„Ich bin erfreut!"

Und Du siehst ihre Freude und freust Dich ebenfalls. Wie empfindest Du Menschen, die sagen: „Ich bin immer lustig!", und diesen Spaß in den Augen haben, der so ansteckend ist? Aber wie geht es Dir, wenn einer kommt und sagt:

„Oh man, bin ich blöd!"

Wie oft kommen Menschen mit einem Problem zu Dir, Du zeigst ihnen eventuell eine Möglichkeit zur Lösung und sie antworten:

„Ich bin aber nicht so!"

„Ich bin kein Schriftsteller!". Meist gefolgt von einem:

„Ich kann das nicht!"

Damit haben sie sich ihre eigene Wahrheit geschaffen und Du weißt, es hat keinen Zweck mehr, weiter zu reden. Sie können nicht über ihren Schatten springen, sie sind halt so.

Aber stopp! Sind sie so oder kreieren bzw. definieren sie sich so? Der Mensch ist keine Schüssel, kein fester Gegenstand. Er kann sich verändern, er kann ich anpassen, er kann lernen, er kann untersuchen, er kann Fragen stellen. Der Mensch kann als einziger frei entscheiden, wer er ist.

Leider entscheiden die meisten lieber:

> „Was bin ich für ein Blödmann!
> Ich kann das nicht!"

als dass sie entscheiden:

> „Ich bin lernfähig! Beim nächsten
> Mal mache ich es besser".

Und nach dieser Blödmann-Kreation, wird es für sie wirklich schwierig, es noch ein nächstes Mal zu tun. Wenn Du an den Abschnitt „Gehirn" zurückdenkst, weißt Du auch, warum das so ist. „Ich bin ..." zieht Sachen in Dein Leben. Wer laufend zu sich sagt:

> „Ich bin schuld!"

... zieht Schuld in sein Leben. Wer sagt:

> „Ich bin pleite!"

... zieht Armut in sein Leben. Wer diesen Satz bei jeder passenden und unpassenden Gelegenheit von sich gibt, schließt sich selbst - meist ohne es zu ahnen oder zu wollen - vom Reichtum aus.

Ich habe ...

„Ich bin ..." zieht Sachen in Dein Leben und „Ich habe ..." hält Sachen in Deinem Leben. Mit „Ich habe ..." lädst Du Dinge und Sachen zum verweilen ein:

„Ich habe Angst vor Armut!"

... hält diese Angst in Deinem Leben, wie einen kleinen Schatz. Du lässt diese Angst vor Armut nicht mehr los und dadurch nimmt diese Angst Dich gefangen.

„Ich habe kein Geld!"

... ist meist der Start, wenn es um Anschaffungen geht. Dabei ist die Ursache niemals das Geld, sondern Deine Einstellung zum Geld und meist auch zu der Sache, die Du vorgibst, haben zu wollen. Und kaum hast Du postuliert, Du hast das nötige Geld nicht, fehlt es auch schon an allen Ecken und Enden. Schlimmer wird es dann nur noch, wenn Du dies mit dem Wort „immer" kombinierst.

„Ich habe immer kein Geld!"
"Ich habe immer keine Ahnung!"
„Ich habe immer Pech!"

Damit ist dann auch schon vorprogrammiert, dass Du das nächste Mal Pech hast. Irgendwann schaust Du dann im Leben zurück und wunderst Dich, dass Du so viel Pech hattest. Du hast es nicht losgelassen. Genauso funktioniert das auch mit positiven Formulierungen. Ich bin in meiner Familie für das gute Wetter auf Reisen und im Urlaub zuständig. Ich weiß:

„Ich habe an meinem Geburtstag
immer gutes Wetter!"
„Ich habe immer gutes Wetter im Urlaub!"
„Ich habe immer gutes Wetter auf Reisen!"
„Ich bin für gutes Wetter zuständig!"

Ich weiß, dass sich das für den einen oder anderen etwas schräg anhört, jedoch ich nutze es seit Jahren. Also probiere es aus und erlebe Wunder. Natürlich funktioniert es nicht, wenn Du Dich am

Abend vor Urlaubsbeginn, erinnerst: „In dem Buch stand doch ..."
und dann einmal sagst:

„Ich brauche schönes Wetter in Urlaub!"

Am besten, Du schreibst Dir schon bei der Buchung des Urlaubs den Satz: „Ich habe schönes Wetter im Urlaub!" auf ein Blatt Papier. Dann liest Du Dir den Satz täglich laut vor, bis Du merkst, dass keine Zweifel mehr an der Wahrheit dieses Satzes hochkommen. Ich wünsche Dir auf alle Fälle in Zukunft super Wetter. Natürlich kannst Du Dir auch Deine Mitreisenden so kreieren, denn wer reist schon gern mit Miesepetern.

„Ich mache super Bekanntschaften im Urlaub!"

ist hier der Zaubersatz. Und was denkst Du, wie ist der Satz für eine volle Urlaubskasse? Kreiere Dir einfach Deinen nächsten Urlaub hier, mit allem was Du willst:

_____

_____

_____

_____

_____

_____

_____

_____

Noch ein Hinweis

Sei einfach immer vorsichtig und aufmerksam, wenn Du Sätze mit: „Ich bin ..." oder: „Ich habe ..." formulierst. Du kreierst damit Deine Zukunft und Du wirst in dieser selbst kreierten Zukunft leben. Es wäre doch schade, wenn diese selbst kreierte Zukunft zu wünschen übrig lässt, nur weil Du ein paar allgemein Floskeln vor Dich hinplapperst - und auch das nur, weil es alle tun. Wenn Du ein außergewöhnliches Leben führen willst, ist es wichtig, dass Du außergewöhnlich von Dir sprichst, außergewöhnlich von Deinem Leben sprichst.

Ich kann das nicht

Wie oft habe ich diesen Satz gesagt, manchmal auch einfach nur, damit ich diese Aufgabe nicht erledigen muss. Erst viel später ist mir dann aufgefallen, wie sehr ich mich mit dieser Behauptung klein gemacht habe.

Noch schlimmer ist es, wenn andere das über Dich sagen. Da ist z.B. dieser Lehrer in der Schule, der sagt: „Du kannst nicht singen!". Als Kind glaubst Du ihm, weil er eine Autorität für Dich ist und Du noch kein positives Referenzerlebnis hast. Wenn er Dir das zweimal gesagt hat, traust Du Dich schon nicht mehr, vor der Klasse zu singen. Und wenn alle „Happy Birthday" zu Vaters Geburtstag anstimmen, bleibst Du stumm. Auf Nachfrage der Verwandtschaft sagst Du dann: „Ich kann nicht singen". Im Sport heißt es dann: „Ich kann nicht Ski fahren. Ich kann nicht klettern. Ich kann keine Klimmzüge." Im Matheunterricht: „Ich kann mich nicht konzentrieren. Ich kann mir das nicht merken. Ich habe keine Ahnung". Im späteren Leben kommen dann Sätze wie: „Ich kann nicht mit Geld umgehen!", „Ich kann mir keine Namen merken".

Wovon bist Du überzeugt, dass Du es nicht kannst:

_____

_____

_____

Und nun schreibe hinter jede Aussage, am besten mit einem roten Stift: „Aber ich kann es lernen!". Jedesmal, wenn Du sagst: „Ich kann nicht!", füge zumindest in Gedanken ein trotziges: „Aber ich kann es lernen!" an. Mit der Zeit traust Du Dich sicher auch, diesen Anhang auszusprechen. Am besten schreist Du ihn richtig aus Dir heraus. So weiß Dein Gehirn gleich, dass Du es ernst meinst.

180.000 mal negativ gesagt

Forscher haben herausgefunden, dass ein Kind ca. 180.000 mal „nein" hört, bevor es das 18 Lebensjahr erreicht. „Nein, das kannst Du nicht!", „Nein, das darfst Du nicht!", „Nein, das weißt Du nicht!", Nein, das tut man nicht!", „Nein, was sollen denn die Nachbarn denken!", „Nein, das können wir uns nicht leisten!"

Welche „Neins" hast Du bekommen:

_____

_____

_____

_____

Ist Dir der Unterschied zwischen: „Nein, das tut man nicht!" und „Nein das können wir uns nicht leisten!" aufgefallen? Bei „Nein, das tut man nicht!" fällt mir sofort ein zu fragen: „Wer ist man?" Hier verallgemeinern wir, werden unspezifisch, tauchen in der Masse ab und leisten uns ein „Wir"-Gefühl. Bei „Nein, das können wir uns nicht leisten!", wird es im Gegensatz dazu ganz speziell. Alle anderen können sich das leisten, aber wir eben nicht. Ganz speziell „wir" sind arm. In der Form: „Nein, das kann ich mir nicht leisten!" wird es dann nochmal spezifischer. Leider glauben sich die meisten Menschen, wenn sie solche Floskeln völlig ungeprüft übernehmen. Wir haben das ja mit der Muttermilch eingesogen, das wird schon richtig sein. Und so schadet sich der Mensch, solang er spricht!

Nachdem Du dieses Buch gelesen hast und Dich wiedermal bei einem:

„Nein, was bin ich für ein Idiot!"

ertappst, könntest Du ja auf die Idee kommen: Ich korrigiere meine Sprache und schiebe gleich ein: „Oh, ich bin kein Idiot!" hinterher. Leider ist das nicht die beste Idee. Zum einen kennt unser Gehirn nur „Idioten". Es hat kein Bild für „kein Idiot". Und zum anderen ist da die schiere Anzahl von Nein's, die Du in Deinem Unterbewusstsein gespeichert hast. Falls Du gerade 18 geworden bist, steht das Verhältnis „Nein" zu „Ja" jetzt bei einhundertachtzigtausendeins zu eins. Dein Unterbewusstsein kann da nur müde über den Versuch lächeln.

Affirmation

Ja, aber Ralf, Du kennst doch Affirmationen. Es steht doch geschrieben, dass jeder erfolgreiche Mensch Affirmationen benutzt, um sich aus der Negativ-Spirale zu lösen und einen Erfolg nach dem anderen einzufahren. Jedes Mal, wenn ich bemerke, dass ich mich klein gemacht habe mit: „Ich habe kein Geld!", sage ich gleich anschließend:

„Ich bin reich!"

Ja, solche Aussagen findet man im Internet und manches Mal auch in den Büchern und Vorträgen von selbst ernannten Guru's. Allerdings gilt auch hier wieder das Verhältnis von negativen zu positiven Aussagen. Das heißt, Dein Unterbewusstsein überhört diese Aussage, weil sie nicht in Dein gängiges Sprachschema passt. Was aber viel schlimmer ist: Dein Unterbewusstsein lehnt es einfach ab. Das ist, als wenn zwei Männchen auf Deiner Schulter sitzen - rechts der positive David und links der negative Goliath. Der kleine David flüstert Dir ins Ohr: „Ich bin reich!" und sofort beginnt der riesige Goliath mit seinem Gezeter: „Hör nicht auf ihn, der fährt ja nicht mal einen richtigen SUV. Der, mit seinem Kleinwagen, kann sich ja noch nicht mal Winterreifen leisten. Und der will reich sein. HaHa, dass ich nicht lache. Der will reich sein, haha!". Und spätestens jetzt entscheidest Du Dich:

„Ok, Goliath hat Recht! Ich kann nicht reich sein."

Also: Affirmationen darfst Du ganz oft wiederholen, bevor sie wirken. Du darfst sie Dir glaubhaft, ohne jeden Zweifel vortragen, immer und immer wieder, damit Dein Gehirn daran glauben kann. Früher hat man sich die Affirmation „auf Band gesprochen" und in einer Endlos-Schleife abgehört. Heute kannst Du die Recorder-App Deines Handy's benutzen, um Affirmationen aufzusprechen. Auf Youtube findest Du einige gesprochene Affirmationen, z.B. von Uwe Borchert: „Mantra – ich bin gut".

Afformation

Schneller - und ohne gegen den Widerstand des Gehirns ankämpfen zu müssen - wirken Afformationen. Frei nach dem Motto: Fragen bestimmen die Qualität Deines Lebens, stellst Du Dir positive „Warum"-Fragen. Also, anstatt zu sagen:

„Ich kann das nicht."

und mit Affirmationen tausende Male zu korrigieren:

„Ich kann das! Ich schaffe das!"

... stellst Du Dir Fragen wie:

„Warum schaffe ich das jetzt?"
„Warum gelingt mir das plötzlich?"
„Warum lebe ich plötzlich meinen Traum?"

Nach der Frage höre genau hin, was als Antwort hoch kommt.

Ein wichtiger Hinweis:

Ja, es gibt auch negative Afformationen. Auch die kennst Du zur Genüge:

„Warum bin ich heute wieder so blöd!"
„Warum passiert das immer mir!"

Lass Dich darauf nicht mehr ein. Bei einer Afformation stellst Du die Frage bewusst in die Richtung, in die Du denken willst. Und auch hier wiederholst Du die Frage immer wieder. Achte darauf, dass Du nicht einfach nur dahin plapperst. Höre auf die Antworten. Beginne die Frage mit einem „Warum". Später, wenn Du einige Erfahrungen gesammelt hast, kannst Du auch Afformationen verwenden wie:

„Wie fühlt es sich an, mein Traumauto zu fahren?"
„Wie fühlt es sich an,
meinen Traumurlaub zu buchen?"

Auch zu Afformationen gibt es auf Youtube verschiedene Videos.

Was wirkt besser für Dich, Affirmationen oder Afformationen?

_____

Welche sind Deine Favoriten?

_____
_____
_____
_____
_____
_____
_____

Wie oft wendest Du sie ab jetzt an?

_____

Entscheidung versus Wahl

Im Wort Entscheidung steckt das Wort „Scheidung". Von zwei oder mehr Alternativen scheide ich mich aus einem oder mehreren Gründen - für eine andere Option. Hart gesagt: Bei zwei Möglichkeiten entscheide ich mich nach Abwägung von Gründen für die eine und töte die andere.

Nach einer echten Entscheidung gibt es kein Zurück mehr, zur anderen Option. Wenn ich mich im Restaurant für Fisch entschieden habe und beim ersten Biss eine Gräte in die Zunge piekst, kann ich nicht mehr zurück zum vorher aus Klimagründen verschmähten Rindersteak.

Eine Wahl wird ebenfalls nach Begutachtung von Gründen getroffen. Eine Wahl ist aber nur dann eine Wahl, wenn sie nicht abhängig von Gründen ist. Führen bestimmte Gründe zu einer Wahl, ist es keine Wahl mehr, sondern ein Entscheidung. Wenn ich wähle, ein Steak zu essen, während ich weiß, dass es mir sehr gut schmeckt, dass die Aufzucht meist nicht artgerecht ist und der Todeskampf des Tieres das Fleisch mit ungesunden Hormonen flutet, dann habe ICH gewählt und nicht irgendein Grund.

Entweder-Oder Spiel

> Wenn Du einen Grund entscheiden lässt, was für Dich gut ist, was für Dich funktioniert, dann gehst Du automatisch in das Spiel von Entweder-Oder. Der Grund: „weil es so schön ist in Tirol" entscheidet, dass Du in die Berge fährst. Und da dieser Grund stärker ist in Deiner Wahrnehmung, als der Grund: „das Rauschen der Wellen beruhigt mich immer so", gewinnt der Grund, nach Tirol zu fahren. Er ist der Sieger und Du folgst dem Sieger.

Je öfter Du das machst, desto stärker wird in Deinem Gehirn der Grund „Tirol". Ich kenne Berg-Fans, die waren ihr gesamtes Leben noch nie am Meer.

In welchen Bereichen spielst Du Entweder-Oder:

_____

_____

_____

Gefangen im Grund

Heute ist es ja „in", ein ganzheitliches Leben zu leben, ein ganzheitliches Buch zu schreiben, ganzheitlich, ganzheitlich, ganzheitlich... Aber wie willst Du ganzheitlich leben, wenn Du immer nur eine von allen Möglichkeiten am Leben lässt. Du führst kein ganzheitliches oder auch balanciertes Leben, wenn Du nicht am Meer warst. Befreie Dich aus dem Entweder-Oder Spiel, indem Du wählst, nach Tirol zu fahren - weil Du wählst, nach Tirol zu fahren. Und das nächste Mal wählst Du, ans Meer zu fahren - weil Du wählst, ans Meer zu fahren. In dem Moment fütterst Du keinen Grund, der Dich im nachhinein aus der Bahn wirft.

Je mehr Du einem Grund Aufmerksamkeit gibst, desto stärker wird er. Wenn Du Dich beim Dessert für Obst entscheidest, weil es „so gesund ist", stärkst Du diesen Grund und desto schneller wirst Du Dich beim nächsten Mal für Obst entscheiden. Irgendwann ist es gar keine bewusste Entscheidung mehr, sondern eine automatisierte Entscheidung. Und dann bist Du in diesem Grund gefangen. Nach einiger Zeit kommt dann in der Gesellschaft an, dass Obst ja auch viel Fruchtzucker enthält, der in Massen für den Körper ebenfalls zu Gefahr wird - aber Du musst weiter Obst essen, weil Du in Deinem Grund gefangen bist.

Du denkst, ich übertreibe? Schau Dir die Raucher an, die Dir jeden Tag sagen, dass sie ja aufhören könnten mit Rauchen, aber (jetzt kommt der Grund, der sie gefangen hält) es entspannt sie so sehr, wenn sie beim Rauchen so tief einatmen.

Welche Gründe halten Dich gefangen:

_____

_____

_____

_____

Ich wähle

Und für eine gute Wahl schaue ich mir die Gründe an, die dafür oder dagegen sprechen, ohne sie zu wichten. Ich lasse sie nicht kämpfen und schließe mich dem Gewinner an, sondern ich schaue die Gründe an und wähle dann Obst, weil ich Obst wähle. Und das nächste Mal wähle ich Tiramisu, weil ich Tiramisu wähle. Dann habe ich die Freiheit, das zu wählen, was ich will. Dann kann ich jede Seite der Medaille anschauen und jede Seite genießen. Dann bin ich frei, das Leben zu genießen. Dann komme ich der Ganzheitlichkeit ein ganzes Stück näher.

Das Leben lässt mir die Wahl – IMMER

Es ist herrlich, wenn Du aus einer Vielzahl von Angeboten wählen kannst. Dann macht Dir das Leben Spaß. Heute wählst Du ein Boot, morgen Wasserski, demnächst ein Auto und wieder ein anderes Mal die Achterbahn. Tja, und wenn Du auf der Achterbahn des Lebens fährst, kann es sein, dass Dir das Leben nur Schampus zur Wahl stellt, obwohl Du Rotwein wählen möchtest. Was machst Du jetzt? Richtig - Du wählst Schampus, weil Du Schampus wählst! Morgen stellt mir das Leben Sauerbier zur Wahl, was mache ich? Richtig - ich wähle Sauerbier, weil ich Sauerbier wähle!

Doch halt! Sauerbier ist das Letzte, was ich trinken will - alkoholfrei geht ja noch an, aber Sauerbier! Und jetzt entscheide ich mich gegen Sauerbier. Ich wähle nicht, was mir das Leben zur Wahl stellt. Statt dessen schimpfe ich auf das Leben, auf die Kneipe, die nur das Sauerbier anbietet - ich schimpfe auf den Kellner, den Trottel, der mir das Bier bringt, auf alle Menschen, die Idioten, die auch dieses Sauerbier trinken. Und mit dieser Spirale an Ablehnung erschaffe ich mir schon das nächste Tief auf meiner Achterbahn, auf meiner Fahrt durchs Leben.

Die Wahl ist immer richtig

Die Wahl ist deshalb immer richtig, weil Du ja nie weißt, was passiert wäre, hättest Du eine andere Wahl getroffen. Vielleicht stehst Du vor der Wahl, ob der nächste Urlaub in die Alpen nach Südtirol gehen soll (so wie die letzten drei Jahre zuvor) oder zur Abwechslung auf die Kanalinsel Jersey, weil Deine Nachbarn voriges Jahr dort waren und so geschwärmt haben von ihrem Urlaub. Auch haben sie Dir noch einen tollen Tipp gegeben für ein fantastisches Luxus-Hotel mit allem, was das Herz begehrt: Sauna, Tennisplatz und eigenem Strand. In der Nähe ist gleich ein super Restaurant mit Sternekoch.

Du wählst den Urlaub in Jersey. Alles ist wie versprochen, aber nach 5 Tagen englischem Dauerregen reist Du genervt ab. Die meisten sagen jetzt, Du hast die falsche Wahl getroffen. Hättest Du es doch lieber so gemacht wie immer.

Allerdings weißt Du nicht, ob es in Südtirol besser geworden wäre. Eventuell bricht in der Stadt gerade eine Pandemie aus und Du musst 20 Tage in Quarantäne bleiben. Du brichst Dir beim Wandern ein Bein und liegst 7 Tage im Krankenhaus oder bei einem Bus-Ausflug gibt es einen Unfall und der Bus stürzt 80 Meter tief in ein Tal.

Du kannst nur spekulieren, wovor Dein Gehirn und Dein Unterbewusstsein Dich schützen wollten. Eventuell siehst Du auf Jersey ein verrücktes Geschäft, das Du nach Deutschland bringst und damit super reich wirst. Ja, sowas gibt es! Schau Dir mal die Geschichte von Red Bull an.

Ich selbst war mit meiner Frau im Sommer 2008 an der Ostsee im Urlaub. Der Urlaub war ok - etwas genervt hat die Fußball Europameisterschaft. Wir sitzen also wieder mit ein paar Fußball-Verrückten am späten Nachmittag im Strandlokal, als eine Gruppe Segway-Fahrer vorbei kommt. Das hat uns so inspiriert, dass wir im nächsten Jahr in Frankfurt/Main die Segway Citytour gestartet haben. Du weißt nie, was kommt. Deshalb genieße Deine Wahl.

Wähle das Leben

Du hast immer die Wahl, das Leben zu wählen oder es eben nicht zu wählen. Angenommen, Du willst ein Auto kaufen. Du wählst aus tausenden Möglichkeiten Dein Traumauto aus, weil Du es gewählt hast.

Eines Tages, auf dem Weg zur Arbeit, fährt ein anderes Auto hinten auf. Das Leben stellt Dir die Wahl „Autounfall" - ohne Alternative. Bist Du bereit, den Unfall zu wählen, weil Du ihn wählst?

Wenn ich das Leben nicht wähle, lehne ich das Leben ab. Wenn ich das Leben ablehne, brauche ich mich nicht wundern, wenn das Leben scheinbar gegen mich ist.

Energie und Sprache

Wortschatz

Dein Wortschatz bestimmt die Gefühle, die Du erleben kannst und Deine Gefühle bestimmen die Energie, die Dir zur Verfügung steht. Wenn es in Europa geschneit hat, sehen wir Schnee. Der Eskimo kann mit dieser allgemeinen Aussage nichts anfangen. Er fragt nach, welcher Schnee. Die Eskimos haben ca. 23 Begriffe für Schnee und beschreiben damit die Beschaffenheit, das Aussehen, die Konsistenz des Schnee's. Für sie ist das wichtig, um sich vor Gefahren zu schützen. Für uns Europäer reicht die Aussage „Schnee". Sprich mal mit einem Franzosen über junge Mädchen. Er hat dafür über 15 Möglichkeiten, diese zu benennen. Wahrscheinlich ist Französisch auch deshalb eine der schönsten Sprache.

Gefühle geil/fuck

Mit Worten löst Du Gefühle in Dir und auch bei anderen aus. Wenn Du allerdings keine Worte hast für ein Gefühl, kannst Du es nicht erleben. Du kannst es nicht beschreiben. In Deiner Welt gibt es dieses Gefühl dann nicht.

Welche Gefühle kannst Du beschreiben:
(Schreibe eventuell auf einem Extrablatt weiter)

_____

_____

_____

_____

Bist Du auf mehr als 20 Gefühle gekommen? Mehr als 30? Super! Wunderbar! Leider scheinen die meisten Menschen heutzutage mit fünf bis zehn Gefühlen durchs Leben zu gehen. Das heißt, sie haben nur maximal 10 Energielevel, auf denen sie sich bewegen. Die zwei Hauptgefühle sind dann ‚geil' und ‚fuck'. Und in diesen Leveln sind sie dann gefangen. Dies gleicht eher der digitalen Gefühlswelt eines Computers, als der eines Menschen.

Neue Energielevel erreichen

Gefühle kannst Du verstärken durch Steigerungen und Übertreibungen. Du kannst statt „schön" „wunderschön" verwenden. Und Du kannst statt „Es ist Ok" sagen: „Es ist supergalaktisch schön".

Spürst Du die andere Energie in diesen Worten? Diese Energie spürt auch der andere. Wenn Du eine Leistung Deines Gegenübers anstatt mit: *„War OK!"* mit diesen Worten würdigst: *„Wow, das war ja außerordentlich überragend, ja geradezu weltmeisterlich, wie Du das gemeistert hast!"*, hast Du seinen Tag gerettet, nach dem Motto

„You made my Day!"

Welche Steigerungen und Übertreibungen wendest Du in Zukunft an, um Deine Energie und die Deiner Freunde anzukurbeln:

(Schreib mindestens 30, besser 50 Formen auf, und wende sie auch an. Geh dabei voll in die Übertreibung, überziehe bis ins Unendliche)

_____

_____

_____

_____

Realistisch bleiben

Eventuell sagst Du jetzt:

„Ich kann ja nicht so maßlos übertreiben."

Wer sagt denn das? Bei super Leistungen darfst Du nicht übertreiben, aber beim kleinsten Fehler darfst Du sagen: „Was war denn das für Scheiße?". Hier stimmt leider etwas in unserer Gesellschaft nicht.

Wir bewerten gute Leistungen viel zu gering und gehen bei Fehlern viel zu hart mit uns und unseren Mitmenschen ins Gericht. Wenn Du auch bei guten Leistungen in die Übertreibung, in die Überspitzung gehst, ist die Wahrscheinlichkeit, dass der Gelobte diese Leistung wieder erbringen kann doch viel größer, als wenn sie mit einem „na ja, ok" abgetan wird. Mit

„Wow, Mann ich war supergalaktisch. Ich habe eine Delle ins Universum gehauen, wie kein anderer vorher es je geschafft hat!"

... kannst Du Dich und Deine Mitmenschen dazu bringen, diese Leistung öfter und öfter abzurufen. Dann bist Du ein Leader, weil Du andere zu Erfolgen führst. Eventuell muss sich Dein Umfeld erst an Deine neue Kommunikation gewöhnen. Gib ihnen etwas Zeit, aber gib nicht nach. Unsere Welt braucht mehr hervorragende, intergalaktische supertalentierte Leader wie Dich.

Bewerten, Kritisieren

Ich bewerte fast nie schlechte Leistungen (ok, klappt nicht immer), und richte mich nach der drei Filter-Regel. Wenn ich eine schlechte Leistung wirklich einmal bewerten muss, löse ich die Kritik von der Person.

Also nicht: „Hey Du Vollpfosten, was für unterirdische Scheiße war denn das!". Du lobst die Person, kritisierst die Sache und lobst die Person: „Hey Peter, Du bist so ein großartiger Handballer! Die Trefferquote beim Siebenmeter trainieren wir nächste Woche nochmal. Du machst das super!". So verhinderst Du, dass Peter auf dem Spielfeld anfängt zu zweifeln und immer unsicherer wird.

Riesenschweinerei

Die Bank hat mir einen Betrag zweimal abgebucht. Ich rufe an und der Bankangestellte sagt mir, das tut ihnen leid, aber sie können mein Geld erst am Anfang des nächsten Monats wieder zurück überweisen. Jetzt ist das natürlich eine Riesenschweinerei und ich kann mich gegenüber dem ‚Helfer' am Telefon richtig auslassen und ihn und die Bank beschimpfen wie ein Rohrspatz, weil sie so unfähig sind und was das doch für ein Sauhaufen ist und … Dabei kann ich mich dann richtig in Rage bringen und vergesse, dass es meiner Gesundheit schadet, dass mein Herz rast und der Blutdruck in gefährliche Bereiche steigt und ich die nächsten zwei Stunden nichts Sinnvolles tun kann, bis ich mich wieder beruhigt habe.

Diese ganzen negativen Auswirkungen sind bei mir, nicht bei dem (hoffentlich im Umgang mit aggressiven Anrufern) geschulten Bankmitarbeiter. Der holt sich nach dem Anruf einen Kaffee und sagt zum Kolegen: „Na, da hatte sich ja gerade wieder einer aufgeblasen, das hättest du erleben sollen. Der ist fast geplatzt."

Es ist schiefgelaufen

Was tust Du nun in dieser Situation, um Deiner Gesundheit nicht zu schaden? Zuerst einmal: tief durchatmen. Du bleibst bei der Situation, ohne im Kopfkino auszumalen ‚Was Wäre Wenn'. Du rufst erst bei der Bank an, wenn sich die erste Aufregung gelegt hat. Denke immer daran, der ‚Helfer am Telefon', hat nichts gegen Dich.

Er hat den Fehler meistens auch nicht begangen. Teile ihm sachlich aber bestimmt mit, was Du jetzt erwartest: „Herr Meyer, ich bin zufrieden mit der Bank. Allerdings ist diesmal ein Fehler passiert (wichtig: hier passive Sprache verwenden, nicht angreifen!). Ich denke, das kann die Bank schnell wieder korrigieren. Informieren Sie mich bitte per Email (telefonisch - was immer Du bevorzugst), wenn die Sache geklärt ist. Ich wünsche Ihnen einen schönen Tag". Jetzt denkst Du vielleicht: „Aber ich muss doch Tacheles reden". Kannst Du machen, musst Du aber nicht. Denke daran, es ist Deine Gesundheit und die Zufriedenheit aus der Bemerkung: „Dem habe ich es aber gegeben!", hält nicht lange vor.

Worte, die mich schwächen

Einige der größten Energiefresser im Leben sind unklare Worte. „Ich möchte jetzt eigentlich im Urlaub sein. Der Kellner würde mir eventuell einen Cocktail bringen können und meine Frau sollte ..."

Wer so seinen Urlaub plant:

- Ich möchte, würde, könnte, sollte
- eigentlich
- Ich muss
- In der Not ..., Zur Not..., wenn es sein muss...
- Ja aber,
- Immer, nie – nie verwenden
- Negative Bewertungen
- Sich entschuldigen, wo es nichts zu entschuldigen gibt (klein machen)
- Ich wollte doch nur...

... muss sich nicht wundern, dass er schon wieder die schönste Zeit des Jahres auf dem Balkon verbringt.

Aussagen die mich stärken
- Ich darf
- Ich freue mich..
- Ich will und was ich will geschieht, weil ich es will
- Das wird super toll, weil ich es jetzt buche/bestelle/tue

Was glaubst Du wie Dein Urlaub jetzt ausssieht.

Kommunikationsfallen

Das nächste Fettnäpfchen ist immer nur einen Satz entfernt. Sicher hast auch Du schon die Erfahrung gemacht, dass eine falsche Bemerkung, eine falsche Behauptung, alles was du bisher gesagt hast, ja - deine gesamte Beziehung zu einer Person zerstören kann.

Ich hatte das mit einem sehr guten Freund, mit dem wir alles zusammen unternommen haben: zusammen gefeiert, zusammen Pläne geschmiedet und und und. Bis eines Tages eine gute Freundin an Krebs erkrankt war. Wir sprachen darüber, als die Hoffnung auf Überleben schon stark geschrumpft war. Ich sagte, sie solle doch mal darüber nachdenken, was genau das Gute an dieser Krebserkrankung für sie ist. Er konnte nicht verstehen, dass es etwas Gutes an einer Krebserkrankung geben kann. Es entbrannte eine heiße Diskussion und innerhalb von 5 Minuten war die über 15-jährige Freundschaft vorbei. Wir haben uns seitdem nie wieder gesehen. Sei Dir bewußt, wie du kommunizierst. Was Du sagst, warum Du es sagst und wie Du es sagst.

Du kannst nicht nicht kommunizieren

Dass Kommunikation zu 55% von Körpersprache bestimmt wird, weißt Du noch aus dem Abschnitt über das Gehirn. Und der Körper kommuniziert immer. Wenn Du die unbekannte Person an der Straßenkreuzung beobachtest, kannst Du relativ schnell sagen, ob sie Langeweile hat, ob sie auf jemanden wartet, ob sie sich für schnelle Autos interessiert. Wenn Deine Mutter zur Tür herein, kommt, weißt Du sofort, ob jetzt die geeignete Zeit für flotte Sprüche ist oder ob Du das Zimmer lieber sofort durch die Hintertür verlässt.

So wie Du andere Menschen „lesen" kannst, können diese auch Dich „lesen". Jeder, der etwas aufmerksam ist, wird merken, dass Dir der Sinn gerade nicht nach Witzen steht. (Das bekommst Du sogar durchs Telefon mit - weshalb es gut ist, beim Telefoieren aufzustehen und zu lächeln). Jetzt einen Joke zu erzählen, um von Deiner miesen Stimmung abzulenken, verunsichert die anderen eventuell, da sie Dich nicht als „stimmig" empfinden. Neudeutsch empfinden sie Dich nicht als authentisch und sie spüren, dass Du sie manipulieren willst. Und wer will sich schon manipulieren lassen. Womit wir schon beim nächsten sehr wichtigen Thema sind.

Du kannst nicht nicht manipulieren

Das ist jetzt natürlich starker Tobak. Du würdest niemals nie jemanden manipulieren – denkst Du von Dir. Du bist schließlich ein rechtschaffender Mensch. Wenn Du allerdings nicht manipulieren wolltest, warum begrüßt Du dann die Politesse, die gerade das Knöllchen wegen falschem Parken ausstellt, anders als Deine Mutter, die Dir einen Kuchen gebacken hat? Der Politesse willst Du zeigen, dass es ein Ausrutscher war und Du doch niemand bist, der ein Knöllchen verdient hat. Deiner Mutter möchtest Du zeigen, dass genau Du diesen Kuchen verdient hast und nicht Deine ständig streitsuchende Schwester.

Die Frage ist also nicht, ob Du manipulierst, sondern welche Absicht dahinter steht. Und hier sind die Grenzen fließend. Sie sind von der Interpretation des Manipulierten und eventuell auch von gänzlich Unbeteiligten abhängig, die von dem Vorgang erfahren. Angenommen, Du hast auf der Straße einem Fremden Dein altes Fahrrad für 4.000 Euro verkauft, weil es so schnell fahren kann. Auf dem Heimweg wird er von einem anderen Radfahrer überholt, der fragt: „Hey, warum bist Du denn so langsam!". Der Käufer erwidert, dass Du ihm dieses schnelle Rad verkauft hast. Wenn der andere nun sagt, dass sein Rad nur 500 Euro gekostet hat, kommt ganz schnell der Satz: „Da hat er Dich aber über den Tisch gezogen!" und Du bist als Manipulator und Betrüger gebrandmarkt. Also schau, dass Du nie in diese Kommunikationsfalle tappst.

Das weiß ich schon

Eine weitere Falle ist obiger Satz. Und der ist ganz gefährlich für Dich und Dein Gehirn. Denn kaum gedacht, signalisiert er Deinem Gehirn: „Nichts neues, chill weiter!". Dein Gehirn geht schlafen und Du wirst nicht mitbekommen, welche neuen Möglichkeiten sich aus dem Gesagten für Dich ergeben könnten.

Vor einiger Zeit traf ein Kampfsportler einen Shaolin-Mönch. Der Kämpfer wollte von dem Mönch wissen, welche Tricks er ihm zeigen könne, die den Kämpfer in Zukunft alles Kämpfe gewinnen lassen würden. Der Mönch sagte: „Ich zeige Dir wie man einen Schlag richtig ausführt." Der Kämpfer dachte bei sich: ‚Oh wie langweilig. Ich bin seit 15 Jahren Kämpfer und Landesmeister. Ich weiß, wie ich einen Schlag richtig ausführe. Ich will die interessanten Sachen lernen.'
Der Mönch erkannte das Desintresse des Kämpfers und schlug vor, dass der Kämpfer ihm seine Schläge zeigt. Er solle einen kontrollierten Schlag genau einen Zoll (25,4 mm) vor einer brennenden Kerze stoppen. Gesagt getan, der Kämpfer bereitete sich kurz vor, stoppte seinen Schlag genau vor der Kerze und fühlte, dass der Schlag ihm richtig gut gelungen war. Der Mönch lobte den Kämpfer sehr und zeigte nun seinerseits dem Kämpfer seinen Schlag. Der Mönch stoppte den Schlag einen halben Meter (500 mm) vor der Kerze und die Kerze ging aus.

Was lernst Du aus dieser Geschichte:

_____

_____

_____

_____

_____

_____

_____

Dieses „Das weiß ich schon" setzt den anderen herab. Es zerstört die Kommunikation und Du kommst arrogant rüber. Die Kunst eines jeden Meisters ist es, jedes Mal wieder Schüler zu sein.

Lieber schlecht als gar nicht kommunizieren

Hier ist die Falle im Lernwillen versteckt. Weiß ich bereits alles und bin eh der Beste, dann werde ich schwerlich bereit sein, noch etwas zu lernen. Kommunikation kannst Du erlernen. Und wenn Du Dich immer weiter verbesserst, hören Dir die Leute auch gern zu.

Der griechische Redner Demosthenes war mit seiner dünnen Stimme eigentlich nicht als Redner geboren. Er trainierte das Reden, indem er mit Kieselsteinen im Mund zum Meer sprach. So wurde er zum bedeutendsten Redner seiner Zeit. Wer nicht redet, kann sich nicht verbessern. Ein Schiff, das still steht, kann man nicht steuern. Bei einem Schiff, das in die falsche Richtung fährt, kann man die Richtung ändern.

Abgelehnt, weil zuerst angeboten

Ein kleiner Tipp, wie Du bekommst, was Du willst. Angenommen, Du möchtest Dich verabreden und dafür ist für Dich Dienstag 14:00 Uhr der perfekte Zeitpunkt. Wenn Du Deinem Gegenüber jetzt sagst:

„Wir treffen uns am Dienstag 14:00 Uhr!",

ist die Chance groß, dass er so etwas sagt, wie:

„Geht nicht, da habe ich schon ...".

Unterbewusst läuft bei ihm dann ein Machtspiel ab:

‚Wer bist Du, dass Du mir die Zeit vorschreibst?
Ich bestimme selber, wann ich mich mit Dir treffen will.'

Dieses Machtspiel kannst Du umgehen, wenn Du weißt, dass Menschen es lieben, eine Wahl zu haben. Also fragst Du:

„Wann wollen wir uns treffen, Montag oder Dienstag, nachmittag um 14:00 Uhr?"

Auch hier läuft unterbewusst das Machtspiel, weswegen er den ersten Termin innerlich ablehnt. Dann kommt eine Art Schuldgefühl nach dem Motto:

‚Jetzt habe ich ihm schon den einen Termin abgelehnt, da kann ich den zweiten nicht auch ablehnen.'

Jetzt ist die Chance wesentlich größer, dass er Deinem Wunschtermin zustimmt. Natürlich funktioniert das auch wenn Du fragst:

„Bist Du eher der Meinung X oder der Meinung Y?"

Höre einfach auch guten Verkäufern zu. Du wirst erkennen, dass sie die Option, die sie verkaufen möchten, als zweites nennen. Auch bei der Erziehung wird dein Kind eher zum Apfel greifen als zum Eis, wenn Du fragst:

> „Möchtest Du ein Eis oder lieber diesen wunderschönen rot glänzenden Apfel?"

Am besten funktioniert diese Methode, wenn Du die zweite Option spezifischer machst als die erste: Dienstag, nachmittag, 14:00 Uhr versus Montag.

Das Angstwort schlechthin

Da wir nun schon mal das Thema Verkauf gestreift haben, schauen wir uns doch gleich auch das Angstwort jeden Verkäufers, jeden heimlich Verliebten und jeden Politikers an - das „**NEIN**".
Sie interpretieren es als Ablehnung, fühlen sich zurückgesetzt, fragen sich eventuell sogar „Bin ich überhaupt für den Job geeignet?" Und so killt sogar das unausgesprochene „NEIN" viele Vertragsabschlüsse, Ehen und Karrieren.

Wenn Dir jemand ein „Nein" an den Kopf wirft, sei Dir bewußt:

1. Es bezieht sich auf Dein Angebot, nicht auf Dich als Person
2. Zu jeder Tür gibt es einen Schlüssel.
3. Es fehlen noch Informationen, damit der Gegenüber „Ja" sagen kann.

Bevor Du emotional auf ein „NEIN" reagierst und damit einen guten Teil dazu beiträgst, dass sich die ‚*Tür der Möglichkeit*' schließt, rufe Dir das folgende Akronym ins Gedächtnis:

N - noch
E - eine
I - Information
N - nötig

Gib weitere Informationen, finde heraus, was Dein Gegenüber noch wissen muss, um „Ja" sagen zu können. Nach dem letzten „NEIN" kommt, das erste „Ja". Also bleib dran. (Im Sexualstrafrecht gilt allerdings: „Nein hießt Nein" – beachte das immer!)

Wie gehst Du in Zukunft mit „NEIN" um:

_____
_____
_____
_____
_____
_____
_____

Schweinehund

Wen kennst Du, der auch immer mit seinem ‚inneren Schweinehund' kämpfen muß? Hier einfach mal drei Punkte, warum Du diese allgemein gängige Formulierung sofort aus Deinem Kommunikationsarsenal streichen darfst:

- Niemand kann Dich zum Kampf zwingen. Du musst also nicht. Du hast Dir etwas in den Kopf gesetzt, bestenfalls ein bemerkenswertes Ziel und darfst nun die erste Hürde überwinden.
- Mit ‚inneren' manipulierst Du Dich selbst und suggerierst Dir, dass Du es jetzt besonders schwer hast. Wenn Du Dir allerdings einredest, dass es schwierig wird, ist das eine sich selbsterfüllende Prophezeiung und deshalb kann es nicht einfach sein.
- Nehmen wir mal an, dass Dein Chef Dich als Schweinhund tituliert, laufend über Dich schimpft: Du seiest zu faul, boykottierst ihn, bist immer im Wege. Wie lange würdest Du mit diesem Chef zusammen arbeiten?

In Zukunft kannst Du gelassen sagen, dass Du mit Dir kämpfst. Kleiner Tipp: Wenn Du Dir vorgenommen hast, einen Marathon zu laufen und die Stimme im Kopf am angesetzten Trainingstag Dir sagt, dass morgen das Wetter sicher besser zum Laufen ist, zähle sofort langsam rückwärts runter von fünf bis null. Also fünf – vier – drei – zwei- eins – null. Und dann startest Du ohne weiter zu überlegen. Es ist dabei wichtig, dass Du rückwärts zählst. Dies unterbricht den Gedanken ans aufgeben oder verschieben und Du kommst dem „Finisher – T Shirt" näher.

Das Märtyrer-Spiel

Der Märtyrer gewinnt kein Spiel, sei Dir dessen immer bewusst. Wenn Du leidest und Dich immer beschwerst, Dich immer als Opfer darstellst, keinen Rat und schon gar keine Hilfe annimmst, werden selbst Deine hartnäckigsten Unterstützer irgendwann aufgeben. Warum sollte jemand, der auch seine Themen bearbeitet, sich auf Dauer Deine Märtyrer-Story anhören, wenn Du ihm jedes Mal das Gefühl der Hilflosigkeit vermittelst? Wenn selbst seine besten Versuche, Dich aufzumuntern, Dich zu erheitern, Dich auf Deinem Lebensweg voranzubringen, immer und immer wieder scheitern, muss er zwangsläufig aufgeben. Nur so kann er sich ja vor einer Depression schützen. Und Du hast dann wieder recht und kannst Dir und allen anderen beweisen, dass Du schon wieder verlassen bzw. aus Deiner Sicht verraten wurdest.

Ausreden sammeln

Diese Falle ist sehr effektiv: Sammle Ausreden und nutze Sie. Im Augenblick geht gerade der Hype um das Corona-Virus durchs Land. Ich habe nicht mitgezählt, das wievielte Mal die Menschheit mittlerweile ausgerottet werden wird, nach Vogelgrippe, Rinderwahnsinn und Schweinepest. Und ja - Du kannst den Virus super nutzen, um Deinen Besuch bei Deinen Schwiegereltern zu verschieben, beim nächsten Fußballspiel Deines Vereins nicht im Block zu stehen oder niemandem mehr die Hand zur Begrüßung geben zu müssen. Aber auch ohne Corona-Virus gibt es noch sehr viele Ausreden, mit denen Du Dich bei Deinen Mitmenschen unbeliebt machen kannst: „Ich konnte das Geld nicht zurückzahlen, weil ....", dabei interessiert die Begründung niemanden. Tatsache ist, Du hast Dein Wort gegeben, bis zum vereinbarten Datum zu zahlen und hast es nicht gemacht. Selbst wenn es nicht wie im Mafia Film endet, werden Deine Mitmenschen sich sehr genau überlegen, ob sie Dich nochmals unterstützen, weil sie Dir nicht mehr vertrauen.

Pünklichkeit

Auch wer ständig zu spät kommt, andere warten lässt oder erst gar nicht zum Termin kommt, trifft zumindest im deutschsprachigen Europa auf wenig Verständnis. Angenommen, ich habe ein Meeting auf Arbeit mit 25 Teilnehmern und ich komme 10 Minuten zu spät. Dann habe ich meinem Auftraggeber über vier Stunden Arbeitszeit gestohlen. Dann wird es schwer für mich, eine Folgebeauftragung zu bekommen.
Dabei ist pünktlich sein einfach nur eine Entscheidung. Du

entscheidest Dich, ab heute pünktlich zu sein. Das heißt, Du bist zur Stelle, wenn Du gesagt hast, dass Du da bist. Du hast eine Aufgabe erfüllt, wann immer Du gesagt hast, dass sie erledigt ist. Und wenn absehbar ist, dass Du die Aufgabe nicht rechtzeitig erfüllen kannst, Du nicht pünktlich sein kannst, gehst Du in Kommunikation - rufst an und ihr findet eine Lösung. Das nennt man dann integer sein.

Perfektion

Viele kommen gar nicht auf die Idee, dass es eine Ausrede ist, wenn Du eine Sache nicht fertig machst, weil sie noch nicht perfekt ist. Der Friedhof ist voll von Ideen, die nie umgesetzt wurden, weil sie ja noch nicht perfekt genug waren. Halte Dich an die Maxime:

„Lieber fehlerhaft begonnen, als perfekt gezögert!"

Dir und Deinen potentiellen Kunden ist nicht geholfen, wenn Deine Idee nicht auf den Markt kommt, weil Du rätselst, ob an der Stelle der grüne oder der orange Schlauch für die Verbindung besser ist. Schließe Deine Projekte schnell ab und überlasse es anderen, sich zu verkünsteln. Gut ist gut genug, Du kannst es anschießend immer noch verbessern.

Erfinde das Rad nicht neu

Diese Aussage hörst Du immer mal wieder, aber lass Dir gute Ideen auch nicht kaputt reden. Falls Du es noch nicht kennst, suche mal im Internet nach: „Das eckige Rad".

Kritisiere Dich nie

Heutzutage gehört es zum guten Ton, überall herumzuposaunen, wie kritikfähig ich bin. Kritik hilft mir, zu wachsen, durch Kritik kann ich besser werden, ich kann damit umgehen, wenn ich kritisiert werde. Solche Sprüche hast Du sicher schon mal gehört.

Aber fragen wir uns mal, was Kritik mit uns macht. Egal ob positiv oder negativ. Kritik zieht uns immer die Energie aus dem System. Unser Unterbewusstsein will uns vor Negativität schützen.

Prüfe bitte für Dich, was Du für eine innere Beziehung zu dem Wort „Kritik" hast:

_____

_____

_____

_____

85% der Menschen würden lieber sterben, als eine öffentlich Rede zu halten. Ob das wohl damit zusammen hängt, dass sie schon so oft kritisiert wurden? Leider brauchen die meisten Menschen keinen weiteren Kritiker. Sie sind selbst ihr größter Kritiker. Sie beschimpfen sich mit Worten, die sie niemand anderem erlauben würden. Gedanken wie:

> **„Was bin ich heute wieder für ein Blödmann!"**
> **„Was habe ich blöde Kuh denn da wieder gemacht!"**

...sind da ja wirklich noch gemäßigt. Die Frage ist allerdings, ob Dir solche Feststellungen wirklich zu mehr Energie im Körper verhelfen. Denn das ist es ja, was Du jetzt eigentlich brauchst, um den Fehler wieder auszugleichen.

Was sind Deine kritischen Lieblingsfloskeln:

_____

_____

_____

_____

Entschuldigungen

Am besten katapultierst Du Dich aus jeder Kommunikation, wenn Du eine der drei Entschuldigungen in den Raum wirfst:

- "Die anderen sind schuld. Meine Umwelt ist schuld."
- „Ich bin halt so. Meine Erziehung ist schuld."
- „Meine Gene sind schuld, das war schon beim Opa so."

Tja, wenn die Gene schuld sind, kann man nichts machen, um abzunehmen, wie man es zu Silvester dem ganzen Saal versprochen hat. Und mit den starken Knochen, die man vom Vater geerbt hat, kann man eigentlich gar kein Gewicht unter 100 kg erreichen. Man sagt's und isst schnell noch ein Steak vom Grill.

Und natürlich kann man auch nichts dafür, dass man in der Straßenbahn immer die Füße auf die Sitzbank legt, weil, das macht man ja schon seit Kindesbeinen an. Dass man für ältere Menschen im Bus aufsteht, hat einem ja auch keiner in der Schule beigebracht. Weil, sonst würde man das ja tun. Natürlich gibt es neben diesen drei noch -zig weitere Entschuldigungen, die ich nutzen kann, um zu beweisen, dass ich nicht gewillt bin, weiter an der Kommunikation teilzunehmen.

„Ich kann dazu nichts sagen" – Super, und schon bin ich aus dem Rennen. Leider wird mich das nächste Mal, keiner mehr nach meiner Meinung fragen, denn ich kann dazu ja nichts sagen. Funktioniert übrigens auch mit: „Ich bin verwirrt!", „Ich hab's vergessen!" und ähnlichen Sprüchen. „Ich habe kein Geld für eine kleine Spende in die Kaffeekasse". – Aber jedes Jahr finanziere ich meinen Mobilfunkanbieter, wenn ich im Abo immer das neueste Handymodell bekomme.

Was sind Deine Lieblings Ausreden und wie haben sie Dir bisher geschadet:

_____

_____

_____

_____

_____

_____

_____

_____

_____

Verwirrung

Ich habe mal mit einer Frau untersucht, warum sie immer so verwirrt ist. Fragen wie: „Wieviel Leute sind im Raum?" (Sie hatte die Leute vor sieben Minuten gezählt.), „Wieviel Prozent der Anwesenden sind nicht im Raum?" (bei 20 Leuten und 2 Rauchern) beantwortete sie mit: „Ähm, weiß ich gerade nicht", „Habe ich schon wieder vergessen.", „Sorry, muss ich noch mal zählen."

Sie erinnerte sich an eine Situation in der Schule, wo sie vor der Klasse stand und eine Frage nicht beantworten konnte. Die Lehrerin sagte einfach: „Ok. Kein Problem, setz Dich". Sie erinnerte sich noch daran, dass es in der Klasse verschiedene rivalisierende Grüppchen gab. Spannend war: In der Pause kam eine Mitschülerin, die „Chefin" aus einer Gruppe, zu der sie bisher nicht zugehörig war, auf sie zu und sagte: „Ach, das ist mir auch schon passiert, ist nicht so schlimm. Du bist super!". Für sie war es der Einstieg in diese Gruppe. Ihre Erkenntnis: Ihr Unterbewusstsein lässt Sie verwirrt erscheinen, damit sie „dazu" gehören kann.

Alte Überzeugungen bringen Dir keine neuen Partner

Jeden Tag begegnen Dir neue Menschen. Wie gehst Du damit um? Bist Du aufgeschlossen für Neue und damit Neues? Lässt Du die Neuen in Dein Leben oder sollen sie bleiben wo der Pfeffer wächst, damit Du Deine Ruhe hast und ihre neuen Ideen bloß keinen neuen Schwung in Dein Leben bringen? Mit dem neuen Schwung kommt oft auch etwas Verwirrung mit, bist Du dazu bereit?

Solange Du an alten Ideen festhältst, wie ein Kind an seinem Lieblingsteddy, können Dir auch neue Menschen keine neuen Ideen bringen. Sie sind dann dazu verdammt, Dir Deine bestehenden Meinungen und Gedankenkonstrukte immer wieder zu bestätigen.

Dein Gehirn sagt sich: „Kenn ich schon", und die Chance, dass diese neuen Menschen Dich inspirieren und neuen Partner für Dich werden, ist vertan. Und die ganze Zeit denkst Du:

> **„Das kann doch nicht alles im Leben gewesen sein. Jetzt muss doch auch mal eine Chance für mich kommen!"**

Einstein soll gesagt haben:

> **„Die reinste Form des Wahnsinns ist es, alles beim Alten zu lassen und zu hoffen, dass sich etwas ändert."**

Begegne neuen Menschen aufgeschlossen. Lass sie an Deinem Leben teilhaben. Zeig ihnen, wie Du Deine Themen löst. Und dann erlaube ihnen, Dir zu zeigen, wie sie ihre Themen lösen. Schaut gemeinsam, ob diese Lösung auch für Dich funktioniert. Passt sie eventuell an. Modifiziert sie. Und plötzlich hast Du einen neuen Partner, den Du inspirierst und der Dich inspiriert. Solche Partnerschaften sind überall die wertvollsten, egal ob im Job, beim Hobby oder auch ganz privat in Deinem Leben.

Wie begegnest Du zukünftig neuen Menschen:

_____

_____

_____

_____

Wie sollte ein Partner sein, der Dich voran bringt:

_____
_____
_____
_____
_____
_____

Gibt es diesen Partner bereits oder wo könntest Du ihn finden:

_____
_____
_____
_____
_____
_____

Erfolg kommunizieren

Wow, Du hast Dein großes Ziel erreicht. Du hast 15 kg abgenommen und dabei eine ganze Menge gelernt - über Deinen Körper, über Ernährung, über Bewegung. Nun möchtest Du natürlich alle an Deinem Erfolg teilhaben lassen. Du erzählst ihnen von Deinen Erfolgen, was Du gelernt hast und sagst ihnen wie Du es gemacht hast. Du möchtest, dass auch sie diese Leistung vollbringen. Genau das ist der schnellste Weg in die Einsamkeit. Alle suchen das Weite, wenn Du anfängst, sie zu belehren.

Vorbild sein

Es ist nicht Deine Aufgabe, andere zu erziehen, belehren etc. Um das Leben von anderen Menschen zu beeinflussen, kannst Du viele Wege versuchen. Bei einem Großteil wirst Du feststellen, dass die Freundschaft schneller vorbei ist, als Du denken kannst. Dein Gegenüber fragt sich, meistens versteckt: „Welche Sprechberechtigung hat er? Wer ist er, dass er mir seine Meinung überstülpen will?"

Wie erging es Dir, als Deine Eltern Dich erziehen wollten? Als sie Dich beeinflussten, dass zu tun, was sie dachten, dass es richtig ist? Was hast Du gedacht, als sie sagten: „Du musst zeitig schlafen gehen, damit Du morgen früh munter bist", während sie selbst noch weiter gefeiert/ferngesehen haben?

Aus diesem Grunde ist die einzige Möglichkeit, Menschen zu beeinflussen, indem Du Vorbild bist! Indem Du vorlebst, was Du vermitteln möchtest, zeigst Du ihnen, was Dir wichtig ist. Und das ist es! Lebe es ihnen vor und dann lass ihnen das Recht, das, was Du vorlebst, anzunehmen oder auch abzulehnen.

Kein Ein/Aus Schalter für Vorbild

Du bist ihr Vorbild. Sei dabei konsequent. Mach es immer auf die gleiche Art und Weise. Menschen sind darauf trainiert, Fehler zu finden. Wenn Du nur ein einziges Mal von Deinen Vorgaben abweichst, werden sie es Dir immer wieder vorhalten, nach dem Motto: „Ja, aber damals hast Du es auch gemacht!". Und glaube mir, das ist auf Dauer nicht angenehm. Also sei Vorbild! Immer!

Lebe Dein Leben, wie Du es für richtig hältst, nach Deinen Werten. Dann können andere Dir folgen. Sie werden Dich sehen und denken: ‚Was macht der da?'. Wenn sie Dein Handeln beeindruckt, werden sie Dich testen. Dieser Test wird wieder und wieder wiederholt werden. Und wenn sie dann merken, dass Du es immer auf die gleiche Art machst, werden sie Dir eventuell folgen und Deine Fans werden.

Die Menschen machen das, was man ihnen zeigt

Eine kleine Übung für die Freundesrunde gefällig? Stell Dich hin und sage Deinen Zuhörern, dass es wichtig ist, dass sie genau das tun, was Du sagst. Sie sollen nichts anderes tun.

Und während Du Dein linkes Bein hebst, sagst Du, sie sollen das linke Bein heben. Während Du den rechten Arm hebst sagst Du, das sie den rechten Arm heben sollen. Und während Du den Kopf nach unten neigst, sage ihnen, dass sie den Kopf nach unten neigen sollen. Jetzt sage ihnen, sie sollen mit der linken Hand ans rechte Ohr fassen und dabei fasst Du Dir an die Nase.

Schau, wie viele ihre Hand ebenfalls an der Nase haben. Obwohl Du ihnen gesagt hast, sie sollen das tun, was Du sagst, haben sie gemacht, was Du gezeigt hast.

Spenden

Über Spenden kannst Du sehr gut Deinen Erfolg kommunizieren. Dein Umfeld wird es bemerken und positiv registrieren. Allerdings nur, wenn Du ihnen nicht bei jedem Treffen erzählst, wie toll Du bist, weil Du für das Tierheim gespendet hast.

Spenden ist auch eine sehr starke innere Botschaft. Du signalisierst Dir und Deinem Unterbewusstsein: „Ich habe mehr als ich brauche! Ich kann etwas abgeben! Ich habe ein erfolgreiches Leben!". Nach dem Gesetz der Anziehung bekommst Du das, was Du ausstrahlst zurück. Wenn Du Erfolg ausstrahlst, wird er folgen. So kannst Du mit kleinen Spenden eine Erfolgsspirale starten.

Erfolgsspirale starten

Manch einer wird nun einwenden, mein Geld reicht gerade so für mich, da kann ich nichts spenden. Bitte bedenke, was Du damit kommunizierst und was Du damit anziehst. Anstatt einer Spende in Geldform kannst Du auch mit einem Geschenk anfangen.

Schenke der Nachbarin eventuell einen Strauß selbst gepflückter Blumen. Schenke einem Kind ein Bonbon oder ein Stück Schokolade. Wenn jemand fragt, ob Du zwei Fünfzig-Cent-Stücke in einen Euro tauschen kannst (oder umgekehrt), schenke ihm den Euro.

Schenke aus Freude, ohne die Erwartung, auch etwas dafür zu bekommen. Beim Schenken kommt es nicht auf die Größe des Geschenkes an, sondern auf die Freude, mit der Du schenkst. Mit dem Geschenk kommuniziert Du Erfolg – und er folgt.

Beitrag leisten

Erfolg kommt nach Leistung, er folgt! Du kannst nicht erfolgreich werden, ohne dass Du tätig wirst. „Was darf ich leisten, damit ich mir das leisten kann?". Diese Frage sollte Dich stets begleiten. „Wie kann ich meinem Geldgeber/Arbeitgeber am besten dienen?". Diese Frage wird in der heutigen Welt von kaum jemanden gestellt. Du kannst Sie auch abwandeln: „Wie kann ich meinem Freund am besten dienen?", „Wie kann ich meiner Familie, meiner Frau, meinen Kindern, meinen Eltern etc. am besten dienen?".

Was bist Du zu leisten bereit:

_____

_____

_____

_____

Wie kann ich _____ am besten dienen?

_____

_____

_____

_____

Führen

Wie führst Du Dich, wie führst Du andere?
Sei Dir selbst ein Meister! Als Meister machst Du Dein Leben zu einem Meisterwerk. Wenn eine Aufgabe Deine Aktivität wert ist, dann ist sie es auch wert, meisterhaft getan zu werden, egal wie groß und wichtig sie ist. Wobei ich davon ausgehe, dass Du Deine Zeit nicht mit unwichtigen Dingen vergeudest. Es gilt dabei immer die zwei Fragen gewissenhaft zu beantworten: Ist die Aufgabe wichtig oder unwichtig? Ist die Aufgabe dringend oder nicht dringend?

Mit Aufgaben, die nicht wichtig und nicht dringend sind, solltest Du Deine Zeit nicht verschwenden. Aufgaben die dringend und wichtig sind, sollten sofort erledigt werden. Pass auf, dass diese Aufgaben nicht überhand nehmen, denn Du bist dann immer im Feuerwehr-Modus. Diese Aufgaben bestimmen dann Dein Leben. Es darf aber nie passieren, das Dein Leben fremdbestimmt wird. Die meiste Zeit solltest Du Dich mit Aufgaben beschäftigen, die wichtig, aber nicht dringend sind. Erledige Aufgaben, bevor sie dringend werden. So hast Du genügend Zeit, sie auch meisterhaft zu erledigen. Bei Aufgaben, die nicht wichtig, aber dringend sind, frage Dich, ob Du sie delegieren oder automatisieren kannst.

Wer das Problem besser kommuniziert, ist Experte

Ein Problem ist erst dann ein Problem, wenn es als Problem erkannt wird. Freust Du Dich über Probleme? Löst Du gern die Probleme anderer? Dies ist eine sehr gute Möglichkeit zum Geldverdienen. Allerdings sollte der andere erkennen, dass er dieses Problem hat. Wenn Du ein Problem, das der andere hat, besser beschreiben kannst als derjenige, der es hat, sieht er Dich automatisch als Experten an, der geeignet ist, das Problem zu lösen. Kaum hast Du jemandem erklärt, das der Rechner nicht startet, weil das eingetragene Bootdevice nicht verfügbar ist, bist Du derjenige, der die nächsten gefühlten 100 Jahre die Wartung des Rechners zu erledigen hat. Nimm diese Aufgabe an und lass sie Dir auch bezahlen.

Reime sind wahr

In diesem Zusammenhang ist es auch interessant, dass Menschen Reime als wahr anerkennen. „Geld regiert die Welt" wird kein Mensch ernsthaft anzweifeln. „Volksmund tut Wahrheit kund!". Dies kannst Du natürlich nutzen, wenn Du anderen eine Lösung für ihr Problem lieferst. Nutze die Zeit, Dir ein paar Reime für Dein Lieblingsthema aufzuschreiben, wenn sie Dir einfallen oder wenn sie andere erzählen. Du wirst merken, dass Deine Lösung dann fast nie angezweifelt wird. Du wirst als der Experte angesehen und kannst Dir Deinen Experten-Status entsprechend bezahlen lassen. Eventuell machst Du Dir jetzt Gedanken, warum Goethe den Faust in Reimen erzählt.

Was ist der Reim für Dein Fachgebiet?

_____

_____

_____

_____

_____

_____

Wähle das Leben

Kommuniziere immer so, dass andere Deine Lebensfreude erkennen. Dies wird auf Dauer Dein Leben positiv beeinflussen. Wenn Du auf die Frage: "Wie geht es?" antwortest: „Super, aber es wird besser!", zauberst Du bei den meisten Leuten ein Lächeln ins Gesicht. Und damit ist ein erster Start in eine positive Unterhaltung getan.

Auf Dauer wirst Du merken, dass die Leute lieber mit Dir zusammen sind, als mit Menschen, die das Leben ablehnen. Darum gib den Menschen Freude und sie geben Dir ihre Aufmerksamkeit. Achte dabei darauf, dass Du sie führst. Lass Dich nicht in Negativitäten hineinziehen. Ein großes Glas reines Wasser wird durch einen Tropfen Tinte trüb! Schütze Dich vor dieser Negativität, die Dir Deine positive Stimmung raubt. Lass den Energieräubern keine Chance.

Wenn Du immer in der positiven Energie bleibst, wird das für die Energieräuber auf Dauer zu anstrengend und sie werden sich aus Deinem Leben schleichen. Allerdings ist es besser wenn Du Dich konsequent von ihnen fern hältst.

Zeitform

In welcher Zeit lebst Du? Und in welcher Zeitform sprichst Du? Für die meisten ist klar, sie können nur in der Gegenwart leben. Nur in der Gegenwart können sie Dinge bewirken. Trotzdem sprechen sie meist in der Vergangenheitsform. Wie oft hörst Du: „Ich musste dies tun!" und „Ich habe jenes gelassen!".

Viel attraktiver sind Aussagen wie: „Ich tue dies", „Anstatt zu gehen, fahre ich mit dem Fahrrad". Auch kannst Du in die Zukunft sprechen: „Ich werde es tun!". Hierbei darfst Du es allerdings nicht versäumen, es auch wirklich zu tun. Denn niemand mag auf Dauer jemanden, der Dinge groß ankündigt, ohne sie dann auch zu erledigen.

Aktiv / Reaktiv

Benutzt Du eine aktive Sprache? Oder reagierst Du nur auf Ereignisse. Bestimmt: „Ich fülle das Formular aus." Deine Kommunikation oder ist da mehr dieses: „Ich wurde gezwungen, dieses Formular auszufüllen". Bedenke immer, aktive Sprache ist die Tätigkeitsform und reaktive Sprache ist die Leidensform.

Den meisten Menschen kannst Du nicht helfen, wenn Du leidest. Niemand mag auf Dauer mit jemandem zusammen sein, der die ganze Zeit leidet, außer eventuell der Nörgler. Doch vor dem nimm Dich in Acht. Der Nörgler gibt nicht nur einen Tropfen Tinte ins Glas, sondern gleich eine ganze Flasche Tinktur.

Feiere Deine Erfolge

Lass andere teilhaben an Deinen Erfolgen. Sei stolz auf Deine Erfolge. Das heisst nicht, dass Du protzen sollst. Erfolg heißt erfolgt, d.h. Du hast eine Leistung erbracht und der Erfolg folgt. Lass Dir diesen auf Leistung basierenden Erfolg von niemandem streitig machen. Lass nicht zu, dass andere Deinen Erfolg madig machen.

Vor allem in den ärmeren Schichten der Bevölkerung ist es eher üblich, Erfolge schlecht zu machen. Hast Du das auch schon erlebt: Du feierst Deinen Erfolg und Deine besten Kumpels sagen:

„Oh man, da hast Du aber Glück gehabt!"

Ja, sie haben wahrscheinlich selbst in ihrem Leben noch nichts bewegt. Sie haben nicht gesehen, wie Du für den Erfolg gekämpft hast, wie hart Du gearbeitet hast, was Du aufgegeben hast, für den Erfolg. Und trotzdem erlauben sie sich, über Deinen Erfolg zu urteilen, über Deinen Erfolg zu richten.

Wem hörst Du zu

Hier ergibt sich die Frage: „Who do you listen to?". Zu deutsch und ganz provokant:

> „Hat derjenige überhaupt eine Sprechberechtigung?"

Höre in Deinem Leben ab jetzt nur auf Leute, die bereits erreicht haben, was Du erreichen willst.

Als ich mich zu diesem Buch entschieden habe, habe ich nicht mit meinen Klassenkameraden aus der Schulzeit gesprochen, wie sie wohl meine Chancen sehen, dass dieses Projekt erfolgreich ist. Was sollten die mir auch sagen? Sie wissen nichts von den Schwierigkeiten, die bei einem solchen Ansinnen entstehen können. Sie wissen nicht, welche Aufgaben ich meistern muss. Und vor allem wissen sie nicht, wie ich mich nach einem 9-10 Stunden Arbeitstag noch motivieren kann, 3-5 Stunden an einem Buch zu schreiben.

Frage Deinen Mentor

Ich habe mit Ernst Crameri gesprochen. Ernst hat schon über 20 Bücher geschrieben. Er kennt die Fallen, die auftreten können. Er weiß um die Schwierigkeiten, sich zu motivieren und schifft mich um die Klippen, an denen andere zerschellen. Mit ihm konnte ich den Zeitplan für das Buch aufstellen und er gab mir die Tools an die Hand und Ideen in den Kopf, um die anstehenden Aufgaben effektiv abzuarbeiten.

Was ist Dein nächstes Projekt und wer kann Dein Mentor sein:

_____

_____

_____

_____

_____

Wenn das Leben weitergeht, dürfen wir mitgehen

Was für eine coole Erkenntnis. Das Leben bleibt nicht stehen und solltest Du stehen bleiben, geht das Leben an Dir vorbei. Solltest Du bei dem Tempo, dass das Leben vorgibt, mal ins Straucheln kommen und hinfallen, ist kurz sammeln, aufstehen, den Staub aus den Sachen schütteln und weitergehen wichtig. Allerdings musst Du auch noch die Krone richten, den weiteren Weg erhobenen Hauptes gehen und den Sturz als Lehre verstehen.

Das Leben ist nicht gegen Dich, es will nicht das Du verlierst. Das Leben will, dass Du lernst. Und manchmal, aber wirklich nur manchmal gehört der Sturz zum Lernen dazu.

Angst kann zum Handel motivieren

Es gibt zwei Arten, Dich zum Handeln zu motivieren. Die eine ist Motivation aus Freude. Es macht Dir Spaß, Deine Ziele zu erreichen. Du bist begeistert, von den Möglichkeiten. Du willst die Welt verändern und eine Delle ins Universum schlagen.

Manchmal ist aber nicht Motivation die Antriebsfeder in Deinem Leben, sondern es ist die Angst. Es ist der Schmerz, der Dich vorwärts drängt. Als ich anfing, das Buch zu schreiben, habe ich eine Faebook Gruppe gegründet und allen erklärt, ich schreibe in einer Woche ein Buch. In der Gruppe sind viele meiner Mentoren und Trainer. Für mich war der Schmerz, in der Gruppe verkünden zu müssen, dass ich es nicht geschafft habe, eine unheimlich motivierende Kraft, an dem Buchprojekt zu bleiben.

Menschen motivieren sich immer, indem sie von etwas weg wollen. Das ist Motivation durch Schmerz. Oder sie motivieren sich, weil sie zu etwas hin wollen. Das ist Motivation durch Freude. Untersuchungen zeigen, das „weg von" der stärkere Motivator ist.

Was motiviert Dich, Dein Ziel zu erreichen:

_____

_____

_____

_____

Im höchsten Sinne und zum Wohle aller

Nun weißt Du, wie Du Dich motivieren kannst, Deine Ziele zu erreichen. Wie Du Dich motivieren kannst, Dein Projekt durchzuziehen. Wie Du Dich motivieren kannst, auf Deinem Weg zum Gewinner. Und so, wie Du Dich jetzt dazu bringen kannst, kannst Du auch andere dazu bringen, ihren Weg zu gehen, ihre Projekte durchzuziehen. Und natürlich kannst Du andere auch dazu bringen, für Dich tätig zu werden, für Deine Ziel zu arbeiten.

Und hier lauert eine große Gefahr: Ja, es ist möglich, in jemandem Angst zu erzeugen, so dass er motiviert ist, Dich Deinem Ziel näher zu bringen. Bitte, bitte widerstehe dieser Versuchung. Nutze die Techniken hier aus diesem Buch nicht dafür, andere auszunutzen. Habe immer das Wohl aller im Sinn. Dein Wohl, das Wohl Deiner Umgebung und das Wohl der Gesellschaft.

Prüfe diese Punkte immer und immer wieder. Sollte ein Projekt zwar Deinem Wohl und dem Wohl Deiner Umgebung dienen, aber nicht dem Wohl der Gesellschaft, schau nochmal genau hin, ob es nicht doch einen Weg gibt, das Projekt durchzuführen und auch der Gesellschaft einen Dienst zu erweisen. Belüge Dich bei der Prüfung nicht selbst. Du weißt genau, was Deinem inneren Ansprüchen genügt und was nicht. Die Geschichte zeigt immer wieder, es fällt auf Dich zurück und sehr oft vernichtet es denjenigen, der der Versuchung nicht widerstehen konnte.

Anerkennung

Du machst Menschen eine Riesenfreude, wenn Du sie ehrlich anerkennst. Anerkennung ist mehr als ein:

> **„Das ist aber schön, dass Du an
> meinen Geburtstag gedacht hast."**

Anerkennung kommt von Herzen und beflügelt diejenigen, die sie erhalten, ebenso wie den, der sie ausspricht. Leider bekommen die meisten von uns viel zu wenig echte Anerkennung in ihrem Leben.

Wann und wofür, wurdest Du das letzte Mal richtig anerkannt:

_____

_____

_____

_____

Wie war das für Dich, konntest Du die Anerkennung genießen:

_____

_____

_____

_____

Was hat diese Anerkennung in Deinem Leben bewirkt:

_____

_____

_____

_____

_____

Anerkennung annehmen

Für viele Menschen ist es sehr schwierig, Anerkennung anzunehmen. Sehr oft schleicht sich der Gedanke ein: ‚Oh, das habe ich doch gar nicht verdient. So groß war die Leistung, für die ich anerkannt werde, doch nun auch wieder nicht. Was war denn da jetzt besonderes dran'. Falls Du solche Gedanken hast, dann gilt ab jetzt:

„Anerkennung ist auszuhalten!"

Genieße den Augenblick! Lass Dich feiern! Das gilt besonders bei Dank und Anerkennung. Du hast sie Dir verdient, sonst würden sie dich nicht anerkennen. Egal, wie klein Deine Leistung Deiner Meinung nach auch war. Sie hat dem Gegenüber Freude bereitet, das Leben erleichtert oder auch ein Tier gerettet, eine Organisation unterstützt. Vielleicht hast Du, ohne es zu ahnen, den nächsten Champion hervorgebracht.

Wie wirst Du in Zukunft mit Anerkennung umgehen:

_____

_____

_____

_____

_____

Schmeicheleien

Anerkennung, die nicht von Herzen kommt, Anerkennung, die nicht absichtslos, Anerkennung, die mit einer Erwartung daher kommt, ist keine Anerkennung, sondern Manipulation. Falls Du solche Manipulationen bemerkst, wehre Dich dagegen, egal wie sehr Du Dich geschmeichelt fühlst. Schmeicheleien vergiften die Freude am Geleisteten und damit die gesamte Beziehung zu dem, der sie benutzt, um Dich zu manipulieren. Hinterfrage einfach, warum der andere Dir schmeichelt und denke daran, mit Schmeicheleien kommt man oft weiter als mit Beschimpfungen.

Anerkennung geben

Im Buch ‚Gespräche mit Gott' von Neale Donald Walsch sagt Gott:

„Ich habe Euch nur Engel geschickt"

Manchmal erkennen wir in dem einen oder anderen Menschen das engelhafte nicht, weil er in eine Welt geboren wurde die ihn ein Kostüm von Kleinmachen, Erniedrigen und um sich schlagen überstülpt. Weil wir uns eventuell auch in diesen Kampf, von dem wir glauben, dass er das Leben ist, befinden.

Mit Anerkennung können wir alle Menschen zu dem werden lassen, was sie wirklich sind. Wir können ihnen diese falschen Kostüme herunter reißen und sie als der erscheinen lassen, der sie wirklich sind. Hinterlasse alle Menschen in einem besseren Zustand, als sie waren, bevor sie Dich trafen.

**„Hinterlasse alle Menschen,
denen Du begegnest,
als Engel!"**

Dienstleistungen Ralf Lauber

Du hast einen Traum, den Traum von einem sinnvollen, nützlichen und attraktiven Leben. Den Traum von einer aufregenden Tätigkeit, die Dir Spaß macht, von einem selbstbestimmten Leben, dass Dir entspricht. Den Traum, Dir und anderen im Leben beizustehen, gerade auch, wenn es schwer wird. Dann sind die **Seminare und Coachings** von Ralf Lauber genau richtig für Dich. Sie helfen Dir durch moderne und effiziente Methoden, schnell und zielgerichtet Deinen Traum zu verwirklichen.

Seminare

Das **Grundlagenseminar „Erfolg durch Kommunikation"** führt Dich in eine neue Welt von Möglichkeiten. Es ist der erste Schritt auf einem erfolgreichen Weg zu Dir und in Deine wahre Größe. Und es ist die Grundlage für die weiterführenden Seminare in den Bereichen Kommunikation, Effizienz und Geld/Finanzen.

Nähere Infos zu den aktuellen Seminaren und Terminen findest Du unter **www.ralflauber.de/seminare**.

Coaching

Den Turbo zünden wir für Dich im **1:1 Coaching**. Hier gehen wir ganz speziell auf Dich, Deine individuellen Wünsche und Ziele in Deinem Leben ein und Du findest Deinen einzigartigen Weg, um Deine Ziele zu erreichen. Durch diese wertvolle Erfahrung stärkst Du das Vertrauen in Deine Persönlichkeit, in Deine Ziele und die Dir zur Verfügung stehenden Kräfte und Fähigkeiten. Die effiziente Art des Arbeitens mit Dir, ermöglicht Dir, das, was Du möchtest, in kürzester Zeit zu realisieren.

Um das 1:1 Coaching zu buchen, gehe jetzt auf die Webseite **www.ralflauber.de/coaching** und fülle den Fragebogen aus.

Instant Change Methode

Als zertifizierter **Instant Change Professional** ist die Auflösung von Blockaden und Ängsten wichtiger Bestandteil meiner Seminare und Coachings. Bei den Seminaren kann eine Instant Change Anwendung am Vortag hinzugebucht werden, bei den Coachings ist die Instant Change Anwendung fester Bestandteil.

Eine Einzelanwendung kannst Du jetzt buchen unter: **www.icm.ralflauber.de.**

Vita von Ralf Lauber

Ralf Lauber wurde am 24.09.1961 in Görlitz geboren. Bereits im Kindergarten machte er eine einschneidende Erfahrung. Zur damaligen Zeit herrschten noch sehr strenge Erziehungsmethoden. So war es üblich, „böse" Kinder, die nicht das machten, was die Erzieherinnen sagten, allein auf die dunkle Kellertreppe zu setzen. Je nach „Schwere" des Vergehens durften sie nach 10 – 30 Minuten wieder rauskommen. Er war öfters solch ein „böses Kind".

Als er das erste Mal allein und verängstigt auf der obersten Stufe der Kellertreppe saß, weinte er erbärmlich, wie alle anderen Kinder auch. Doch beim nächsten Mal meldete sich sein Forscherdrang. Er merkte, dass nichts Schlimmes passierte und begann, den Keller zu erkunden. So lautet sein 1. Leitsatz bis heute:

„Es gibt immer etwas interessantes zu entdecken!"

Seine unendliche Neugierde und sein wacher Entdeckergeist sorgten immer wieder für mittlere Katastrophen im Hause der Familie Lauber. Als er zum Beispiel, den Sessel aufschlitzte, um zu sehen, was sich unter dem Polster verbirgt oder die geliebte Kuckucksuhr auseinandernahm.

Gleich am 1. Schultag baute Ralf Lauber sich einen neuen Glaubenssatz auf:

„Es geht auch ohne!"

Wie es dazu kam (und die Folgen daraus), beschreibt er in diesem Buch. (siehe Kapitel „Lügen")

Schon früh war Ralf Lauber fasziniert vom Fernseher und den Radios, die sein Großvater reparierte. So wurde es zu seinem Hobby, elektronische Geräte zu untersuchen, zu reparieren und selbst zu bauen. Folgerichtig absolvierte er nach dem Schulabschluss als Klassenbester eine Lehre zum Nachrichtentechniker, die er nach zwei Jahren mit gutem Ergebnis abschloss. In dieser Lehre war neben gutem Denkvermögen auch handwerkliches Geschick gefragt, welches ihm bis heute gute Dienste leistet.

Dann ging es für drei Jahre zur Armee. Er nannte es immer „Bewaffneter Briefträger" (die Telekommunikationsdienstleistungen wurden damals noch von der Post erbracht). Zu seinen Aufgaben gehörte es, beim Aufbau der verschiedensten Nachrichtenzentren mitzuhelfen, damit seine Einheit im Falle eines Falles helfen konnte, diese weiterhin zu betreiben. Hier kam es mehrmals zu Auseinandersetzungen mit Vorgesetzten, was später auch ein entscheidender Punkt für die Wahl seiner selbständigen Tätigkeit war.

Doch vorher ging er zum Studium der Gerätetechnik nach Dresden. An der IHD, einer kleinen Hochschule (die später als Rechenzentrum in die TU Dresden eingegliedert wurde), die sich auf medizinische Gerätetechnik und Computertechnik spezialisiert hatte, entdeckte er seine Leidenschaft für Computer. Das war Mitte der 1980-er Jahre, als die meisten Computer noch so groß wie Kleiderschränke waren.

Die erste Berührung mit „Computertechnik" war der Lochkartenstapel, den er einer Kommilitonin versehentlich aus der Hand stieß. Schön ordentlich angeordnete 78 Karten lagen jetzt heillos durcheinander auf dem Boden. Zwei Stunden Arbeit waren zerstört, da die Karten damals weder beschriftet noch nummeriert waren.

Trotzdem entwickelte sich eine Liebe zum Computer, die bis heute hält. (Gleichzeitig verliebte er sich in seine Frau Katrin und auch diese

Liebe hält seitdem an.) So manche Nacht hindurch tüftelte er an Eigenbaucomputern und ersten Rechner-Netzwerken. Später setzte Ralf Lauber sein Studium mit Spezialisierung auf Infrarot-, Laser- und Optotechnik an der TH Ilmenau (heute TU Ilmenau) fort und meldete die Ergebnisse seiner Diplomarbeit zum Thema „Optoelektronische Entfernungsmessung für Kamerasysteme" zum Patent an.

Im März 1989 begann seine Arbeit als Diplom-Ingenieur bei Carl-Zeiss-Jena, dem größten Unternehmen für Optik- und Halbleitertechnik der DDR. Immer faszinierte ihn die Kommunikation von ihrer technischen Seite. Deshalb war der Weg zum Computer- und Netzwerkexperten der nächste Schritt.

Nach der Wende gründete er mit weiteren Gesellschaftern die Firma JenData GmbH und arbeitete als Geschäftsführer. Da ihm die kaufmännische Erfahrung fehlte, kam es bald zum Streit mit den Gesellschaftern und Ralf Lauber verließ die Firma nach 4 Jahren. Er ging 1997 als freiberuflicher IT-Experte nach Frankfurt a.M. wo er seitdem in den verschiedensten Branchen aus dem Banken-, Automobil-, Post- und Telekommunikationssektor sein fundiertes Wissen einbringt.

Heute sagt er: „Ich bin immer auf der Suche danach, mein Leben und das Leben meiner Mitmenschen einfacher, schöner und leichter zu gestalten. Deshalb habe nie aufgehört zu lernen. Nach Schule und Studium habe ich mich immer weitergebildet. Nicht nur fachlich, sondern vor allem in der Persönlichkeitsentwicklung. Bei Anthony Robins, T. Harv Eker, Mirco Ribul, Vera F. Birkenbihl, Bodo Schäfer, Alexander Christiani, Landmark, Ernst Crameri und anderen, fand ich viele Antworten auf meine Fragen und immer mehr wurde mir bewusst, wie entscheidend die Kommunikation unser gesamtes Leben beeinflusst. Nicht nur die Kommunikation mit anderen Menschen, sondern auch meine interne Kommunikation. Ich begriff, dass wir tatsächlich durch unsere Kommunikation unsere Welt erschaffen. Leider passiert das bei den meisten Menschen unbewusst."

Für Ralf Lauber sind dabei die Themen Kommunikation, Umgang mit Zeit und Geld und selbständig eigenverantwortlich arbeiten die Grundlagen für ein freies, selbstbestimmtes Leben. Diese Themen, die für jeden zu örtlicher, zeitlicher und finanzieller Freiheit führen, sind natürlich auch Inhalte seiner äußerst beliebten Seminare und Coachings. Fragen, die dabei immer wieder aufkamen, führten dazu dieses Buch zu schreiben.

Für weitere aktuelle Informationen besuche die Webseite **www.ralflauber.de**. Hier findest Du die Informationen zu seinen Seminaren, Coachings und zu seinen neuesten Büchern. Auch die überaus spannende Instant-Change Methode wird hier vorgestellt. Damit kann Ralf Lauber seine Vision, das Leben von 1.000.000 Menschen positiv zu beeinflussen, es einfacher, schöner und leichter werden zu lassen, schnell und effizient umsetzen.
www.ralflauber.de

Anzeigen

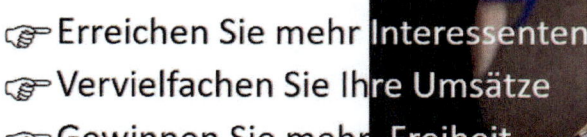

Ernst Crameri

- Podcast Ergebnisorientiert (ergebnisorientiert.com)
- Seminare:
    - Fange endlich an zu leben
    - Wieso hast Du so wenig Duchhaltevermögen
    - Speaker-Ausbildung
    - Ganzheitliche Rethorik
    - Coaching-Ausbildung
    - Power-Geldseminar
    - Mastermind

www.crameri-akademie.de

www.ICM.ralflauber.de/Buch